中世から近世へ

天下人と二人の将軍

信長と足利義輝・義昭

黒嶋敏

平凡社

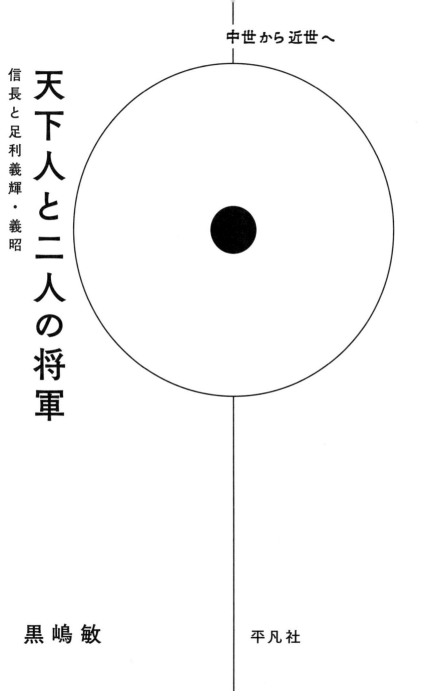

装幀　大原大次郎

天下人と二人の将軍◉目次

第二章　足利義輝と遠国

第三章 理想の幕府を求めて……119

第四章　城破れて天下布武

史料出典一覧

＊本文中で一定の分量を引用する史料については、通し番号を付し、現代語訳のみを本文二字下げで掲出した。
＊読み下しは巻末の【史料編】に採録した。
＊本文中と【史料編】に引用したものを、略称の五十音順で示した。なお引用に際しては、所収史料集による文書番号を掲げ、漢文を読み下しにした。

『愛知』…………『愛知県史　資料編十一　織豊一』
『イエズス会』……『十六・七世紀イエズス会日本報告集　第Ⅲ期』※引用した書簡が第二巻六五号ならば「二―六五」のように略記した。
『石巻』…………『石巻の歴史　第八巻資料編二古代・中世編』
『上杉』…………『大日本古文書　上杉家文書』
「大館記」…………［阿波谷ほか　一九八七］
『大友』…………田北学編『増補訂正編年大友史料』（私家版）
「お湯殿」…………『続群書類従補遺　お湯殿の上の日記』
「兼見卿記」………『史料纂集　兼見卿記』
「兼右卿記」………［村井二〇〇八・二〇一〇］
『吉川』…………『大日本古文書　吉川家文書』
『旧記』…………『鹿児島県史料　旧記雑録』※引用した文書が後編二所収五〇四号ならば「後二―五〇四」のように略記した。
『群馬』…………『群馬県史　資料編七　中世三編年史料二』
『小早川』…………『大日本古文書　小早川家文書』

『相良』……………『大日本古文書　相良家文書』

『島津』……………『大日本古文書　島津家文書』

『上越』……………『上越市史　別編一　上杉氏文書集一』

『信長公記』………奥野高広・岩沢愿彦校注『信長公記』角川文庫
『荘内』……………『鶴岡市史資料篇　荘内史料集　古代・中世史料』

『大日』……………『大日本史料』※引用した史料を採録する条文が、『大日本史料　第十編之一』永禄十一年十一月九日条ならば、「『大日』十―一、永禄十一年十一月九日条」のように本文中で略記した。

『伊達』……………『大日本古文書　伊達家文書』

『多聞院』…………『続史料大成　多聞院日記』

「言継」……………高橋隆三・斎木一馬・小坂浅吉校訂『言継卿記』続群書類従完成会
『信長』……………奥野高広編『増訂　織田信長文書の研究』吉川弘文館
『広島』……………『広島県史　古代中世資料編Ⅴ』

『福島』……………『福島県史　第七巻　資料編二　古代・中世資料』

『古川』……………『古川市史　第七巻　資料Ⅱ古代・中世・近世一』

『フロイス』………松田毅一・川崎桃太訳『完訳フロイス日本史』（中公文庫）により、巻と頁を記した。

『毛利』……………『大日本古文書　毛利家文書』

『宗像』……………『宗像市史　史料編　第二巻』

はじめに――二条城の二人の将軍

くつがえされる信長イメージ

最近、新たな視角から織田信長《おだのぶなが》を分析した研究が相次いで出され、それまで多くの人々が抱いてきた「常識破りで革新的な天下人《てんかびと》」というイメージは大きく揺らいできている。室町幕府という古い体制を終わらせ、近世統一権力という新時代の扉を開けた張本人のように考えられていた信長であるが、領国支配の手法は戦国大名と変わらず、幕府や朝廷に対しては基本的に協調しており、苛烈《かれつ》な天下平定への軍事行動も畿内《きない》を中心とした地域の「天下静謐《てんかせいひつ》」を保つために展開されたものだったのである［戦国史研究会編二〇一一、金子二〇一四、神田二〇一四ほか］。史料の読み込みから描き出された信長とは、じつは等身大の天下人なのであり、ドラマや漫画・アニメなどで膨れ上がった虚像とのギャップに警鐘を鳴らす見解が

織田信長像（長興寺蔵）

多く提示されるようになった。

これをうけて、信長と足利義昭《あしかがよしあき》との関係も大きく修正されつつある。従来は野心的な天下人と旧体制にしがみつく傀儡《かいらい》将軍というパターン化された人物設定で語られてきたが、室町幕府の最後の将軍となる義昭は、じつは信長とは連携しており、信長もまた義昭の存在を必要としていたという指摘が相次いでいる［池上二〇一二、久野二〇一五ほか］。分かりやすい対立構造で片付けられてきた政治史が、大きく見直されようとしているのである。

ただ結果として、元亀《げんき》四年（一五七三）七月に信長は義昭と決別し、以後の二人は相見《あいまみ》えることなく対立を続けたのは事実である。また決別後も信長によって「天下静謐」のための戦争が続けられ、それが戦国時代の日本列島を統一する動きへと連なり、結果的に室町幕府を終わらせたのも、天下人信長なのである。信長と義昭が協調関係にあったとする場合、なぜその関係は壊れてしまったのだろうか。信長が義昭と連携し、室町幕府という体制に理解を示していたという前提に立つとするならば、それを崩壊に導いた責任は、一人義昭のみに帰することになってしまうだろう。

しかし、史料をめくっていくと、幕府崩壊の理由はそんな単純な話でもないようだ。もっと根の深い構造的な問題が、義昭の幕府には内在していたと考えられるのである。

足利義昭像（東京大学史料編纂所所蔵模写）

信長上洛で線を引くことの弊害

ふつう学校で教わる歴史の授業では、信長が義昭を奉じて上洛を遂げた永禄《えいろく》十一年（一五六八）をもって、戦国時代と安土桃山時代は区分される。この上洛によって信長が中央政界にデビューし、これが時代の転換点と見なされてきたのである。ただ同時に、信長は義昭を奉じる政治スタイルをとったため、義昭は第十五代の将軍職に就いた。ここに室町幕府は再興された。

では、義昭の幕府とは、どの時期の室町幕府を「再興」したものなのだろうか。

じつは室町幕府というのは、当初から強固な支配体制を構築できなかったものの、現状に合わせてしなやかに体制を変えていく、とても興味深い政治権力であった。初代将軍となった足利尊氏《たかうじ》の時期から、一つの形を止《とど》めることはなく、まるでアメーバのように融通無碍《ゆうずうむげ》に変化したからこそ二百年以上も続いてきたともいえるのだ。義昭が幕府再興にあたり、モデルとしたものは何なのか。義昭の兄義輝《よしてる》の時期、父義晴《よしはる》の時期、あるいは幕府最盛期とされる十五世紀などを研究者は想定しているが、それぞれの時期の幕府は相当に異なるのが実情である。

足利義輝像（東京大学史料編纂所所蔵模写）

たとえばそれは、義昭からもっとも近しい将軍である兄義輝の時期と比較するだけでも、大きな違いが見出せるのではないだろうか。その相違点が明らかになれば、義昭を「室町幕府」の忠実な体現者とする前提そのものが揺らいでくるはずである。
それにもかかわらず、義輝期の政治史というのは十分に見えてこない。理由としては、基礎的な史料が不足しているという研究上の制約も小さくはないが、これまでの通史のなかで、信長上洛（永禄十一年）で線を引いてきたことも大きな弊害となっていよう。そこで線を引くかぎり義輝の時代は信長の前史にすぎず、信長なり義昭なりの個人的な視点で語られるだけであって、本格的な研究が進んできたとは言いがたいのである。

新たな「天下人論」への違和感

足利義輝の政治が視界不良に陥っている原因には、もう一つ、三好長慶《みよしながよし》の存在があるだろう。四国東部から畿内西部にかけて強い影響力を誇った三好長慶は、時には将軍義輝と対立して京都から追い出すこともあった。しかも幕府との関係を絶ったまま京都を実効支配する力量が注目され、すでに自立的な「三好政権」を築いていたとしたうえで、長慶は信長以前の「天下人」であると高く評価する研究者もいる［天野二〇一〇］。

そんな「天下人長慶」論を導く重要な要素として、「天下」の理解がある。十六世紀の「天下」という言葉の用法を分析した神田千里氏によると、「天下」には地理的に京都や畿内をさす場合、武家政権の長である将軍が司る室町幕府の政治や、そのもとでの政治秩序などの意味があった［神田二〇〇二］。そこから、信長が上洛する頃までの「天下」とは畿内地域

三好長慶像（南宗寺蔵、東京大学史料編纂所所蔵模写）

を意味していたとする説が支持を集め、畿内地域の政治的な有力者を、天下を主宰する「天下人」とする理解が出されるようになる。その意味では三好長慶は天下人であるし、またそれ以前の細川晴元《ほそかわはるもと》や六角定頼《ろっかくさだより》も同様に天下を差配した有力者であることから、萌芽的な天下人であると位置づけることも可能となるのだろう。

　ただこれらは、信長を天下人とし、その枠組みをそれ以前に遡及《そきゅう》させただけにすぎないともいえる。いうまでもなく、畿内地域が「天下」とも称されたのは、古代から続く歴史のなかで地方に対する中央として設定され、地方との関係性を継続してきたためである。つまり、地方との関係を切り捨ててしまえば「天下」は一つの地域にすぎない。他国との関係を捨象して、自らの勢力圏内で限定的に組み立てられた権力論では、従来型の戦国大名論とそれほどの違いはないといえるのではないか。また三好長慶の場合、将軍と断交している時期に力点を置いて自立性を評価するあまり、将軍と融和している時期の「三好政権」論が今一つ精彩を欠くのは否定しがたい事実である。上位者との関係を希薄なものとし、地方との関係性を無視して「天下人」を論じることはできないのではないか。これが率直な疑問である。

本書で考えること

だがここには、この時期の政治史を考えるヒントが含まれている。それは、「天下」と地方の関係性である。武田《たけだ》信玄《しんげん》や上杉《うえすぎ》謙信《けんしん》、毛利《もうり》元就《もとなり》や大友《おおとも》宗麟《そうりん》といった戦国大名たちは、それぞれの地域で独自の力量によって領国を形成しつつも、領国支配に正当性を与えるものとして、上位者である幕府との関係を保つことも重視していた。これまでは「三好政権」論にしても個々の戦国大名論にしても、上位者との関係性は断片的で散発的なものとして描かれがちだったが、彼らは将軍義輝・義昭、そして信長との間に太いパイプを持ち、それを支える多様な人々が都《みやこ》と鄙《ひな》を行き来していたのである。

そこで本書では、「天下」と地方の関係性に重きを置いて、この時期の政治史を考えてみることにしよう。とくに地方のなかでも、室町時代の政治中心であった京都からは「遠国《おんごく》」とされた九州と東北（陸奥《むつ》・出羽《でわ》の二国であり奥羽《おうう》と呼ばれた）との関係に注目したい。「遠国」から見た天下人の政治史は、前著［黒嶋二〇一八］でも試みたところであるが、地理的に遠く離れているがゆえに客観視することができ、「天下」の複雑な政情を浮き彫りにさせ、より立体的に描くことができるように思う。

その「天下」についても、将軍と天下人を二項対立的に設定するのではなく、両者の連続性を踏まえるために、将軍義輝期を押さえた上で、信長―義昭の政治史を読み解いてみたい。それはわずか二十年弱の短い時間であるが、その間に「天下」の政局はめまぐるしく変遷し、ついに室町幕府は滅亡を迎え、信長が名実ともに天下の覇権を握る重要な転換期である。この時期を取り上げた研究は最近になって飛躍的に進み、その成果が続々と明らかにされているけれども、ただ一方で厄介なのは、この時期の将軍や信長を取り巻く情勢は複雑すぎて、合従連衡《がっしょうれんこう》を繰り返す畿内の政治史を読み解くだけで大きな労力を費やしてしまうことだ。

近年は山田康弘氏［山田二〇一九］や天野忠幸氏［天野二〇一六］、久野雅司氏［久野二〇一七］など、畿内の政情を解説した優れた一般向けの本も上梓されているので、畿内戦国史の詳細はそちらに譲り、本書ではなるべく必要な部分にだけ言及していくこととしたい。

ただ、それだけでは「灯台下暗し《とうだいもと》」とする批判は免れえないだろう。そのため本書では、中央の視点を、武家政権の中心に据えたい。それは室町幕府の将軍居所《きよししょ》となる城郭、具体的には京都の二条城である。この時期の幕府拠点は二条御所《にじようごしょ》と呼ばれることが多いが、同時代史料にも「城」と記されており、足利義輝による普請・整備から、その政治的使命を終えて廃棄されるまで、すなわち誕生から破壊までを文献史料で辿ることのできる数少ない戦国城郭なのだ。その一方で、戦国期畿内の研究が質量ともに格段の進展を遂げているなかで、政治史の観点からこの二条城を取り上げたものは皆無に等しい。幕府政治のど真ん中である二条城に軸足を据え、義輝、義昭、そして信長と、この時期の武家政権の中心が変容していく様子を辿りながら、そこに地方との関係性をリンクさせることで、新たな政治史の具体像が見えてくるのではないだろうか。

中央の二条城の変遷が縦軸の時系列であるとすれば、遠国と「天下」との関係性は日本列島の水平軸となる。縦糸と横糸が交差して織りなす政治模様が浮かび上がってくれば、さらにそこからは、信長の掲げた「天下布武《ふぶ》」についても詳しく考えうる素材を適用できるだろう。言葉が持つ強烈なインパクトのせいで独り歩きしがちな「天下布武」であるが、政治スタイルに伴って意味合いが変わってくることは、あまり留意されていないように思う。「天下」の政治が時間の流れに沿って変化する柔軟なものであるように、私たちも固定的な先入観からは離れ当時の史料を丁寧に読むことで、二人の将軍から天下人信長へと為政者が移り変わっていく様子を見ていくことにしよう。

第一章　御所から城へ

足利義昭の上洛

永禄十一年（一五六八）九月、織田信長は足利義昭を奉じて上洛した。信長勢に抵抗する近江の諸氏を平定し、義昭が清水寺《きよみずでら》に入ったのは九月二十六日のことである（「お湯殿」同日条）。しかし、そのまま京都に落ち着くことはなく、義昭は翌日には東寺《とうじ》を経て西岡《にしのおか》の寂照院《じゃくしょういん》に入り、抵抗勢力の討伐と称して摂津《せっつ》へと軍を進めた。その遠征中も、義昭と信長は行動をともにしていたと考えられ、二人が京都に戻るのは十月十四日になってからだった。義昭が念願の征夷大将軍に補任《ぶにん》されたのが十月十八日、ここに、室町幕府の十五代将軍は正式に誕生したのである。

もっとも、義昭はそれ以前から、十二代将軍義晴の子であり、十三代将軍義輝の弟である自分しか足利家の正統な後継者はいないと確信していた。永禄八年（一五六五）に兄義輝が暗殺された直後、軟禁されていた奈良《なら》興福寺《こうふくじ》の一乗院《いちじょういん》を脱出し、各地で浪々の生活を余儀なくされた約三年の間にも、諸国の大名たちに対し自分への支援を求めた御内書《ごないしょ》を出し続けたのは有名な話である。たとえ将軍に就任する前であっても、諸大名が将来の将軍である自分への奉公に励み、自分の「入洛」を支援する。それは彼にとって何の疑いもない当然のことだった。

そんな義昭だったからか、上洛直後の九月二十七日に、次のような御内書を出している。

私に反抗する凶徒を退治し、入洛を実現した。ついては、これから柳営《りゅうえい》（将軍の陣営となる幕府の御殿）の建設を始めるので、諸国にその普請費用の拠出を命じる。そなたもこれに励めば喜ばしく思うぞ。

（【史料1】〔永禄十一年〕九月二十七日付け相良義陽宛て足利義昭御内書）

御内書とは、室町幕府将軍の出した書状の呼称である。厳密にいえばこの時の義昭はまだ将軍職には就いていないが、将軍に準じる人物の出したものとして御内書と呼ばれている。この御内書は、これまで永禄十二年と見なされてきたが、そこに据えられている義昭の花押《かおう》は武家様I型と呼ばれるもので、第三章で詳しく述べる義昭の花押編年からすれば永禄十一年で動かしがたい。つまり義昭は清水寺に入った翌日早々に、この御内書を出しているのだ。宛所《あてどころ》の相良《さがら》氏は肥後《ひご》南部の大名であり、そんな遠方にまで、戦陣の慌ただしさのなかで御殿の建設費用の提供を命じる義昭のバイタリティーに驚かされる。将軍の上洛や御殿の建設という名目が、諸大名に支援を命じる絶好の機会だったことを示してもいるが、この時点では、まだ畿内政情には不確実なことが多すぎるにもかかわらず、である。それでも義昭にとっては、京都に一歩足を踏み入れた時点で将軍就任は既定路線となっており、御殿造営の号砲がフライング気味に鳴らされたということなのであろう。

楽観的というべきか、テキパキと要領がいいというべきか、義昭の人格をうかがわせるエピソードではあるものの、まだこの時点では肝心の御殿の建設地さえ決まっていない。上洛後の義昭が入ったのは下京《しもぎょう》の本圀寺《ほんこくじ》だが、ここでは普請が始められていた徴証はない。その一方で将軍就任の翌月、義昭と仲たがいして京都を離れた近衛前久《このえさきひさ》の邸宅が没収され、建造物が東山の勝軍山《しょうぐんやま》城に移築されたという（「多聞院《たもんいん》」永禄十一年十一月二十二日条）。また、義昭の側近で奉公衆である三淵藤英《みつぶちふじひで》は、自領の伏見に近い醍醐《だいご》寺の奥の院の山の上に城郭を構えようとしていた（『大日』十一―一、永禄十一年十一月九日条）。いずれも京都を取り囲む山地を利用した山城である。将軍に就任したとはいえ、近郊には敵対勢力（「凶徒」）が数多くあり、まだまだ洛中に平穏が取り戻されたとは言いがたく、いざという時の有事の際には、平野部の居館ではなく防御性の高い山城に籠もるつもりだったのではないだろうか。

二条城築城

その義昭を震撼《しんかん》させる事件が翌年（一五六九）一月に起きる。信長が美濃《みの》に帰国し防備が手薄になった隙をついて、義昭が宿所としていた本圀寺に摂津の三好三人衆らの軍勢が襲撃してきたのだ。一月五日、本圀寺では義昭の配下にあった細川藤賢《ふじかた》・明智光秀《あけちみつひで》らが奮戦し、翌日には三好義継《よしつぐ》・池田勝正《いけだかつまさ》・細川藤孝《ふじたか》が手勢を率いて駆けつけ、桂川《かつらがわ》付近で三好三人衆の軍勢を破った。一報を聞いた信長は、岐阜《ぎふ》からの道のりを早駈けで急いだが、京都に入った一月十日には、すでに三人衆の軍勢は阿波《あわ》に退却していた。信長が不在であっても、ひとまず義昭は防戦に成功したのである。

だがこの事件で、まだまだ畿内が安定していないことは明らかとなった。義昭が拠っていた本圀寺も堀を廻《めぐ》らせるなど相応の防御対策を講じていた寺院だったが、あらためて本格的な軍事機能を持つ将軍御所を構築しなければならない。信長は洛中に城を築くことを決め、その場所を、義昭にゆかりの、兄義輝の居所があった二条勘解由小路《かでのこうじ》とした。そこは永禄八年（一五六五）五月に義輝が暗殺された際に焼き払われ、跡地には真如堂《しんにょどう》が建てられていたが、その真如堂をわざわざ移築させるとともに、周囲の土地を収用して、大規模な城郭の普請を始めたのである。

建設工事は信長が陣頭指揮を執って、二月二日に西側の「石蔵（石垣）」工事から始められた。公家の山科言継《やましなときつぐ》は工事の様子をしばしば見物しており、その日記『言継卿記《ときつぐきょうき》』のなか

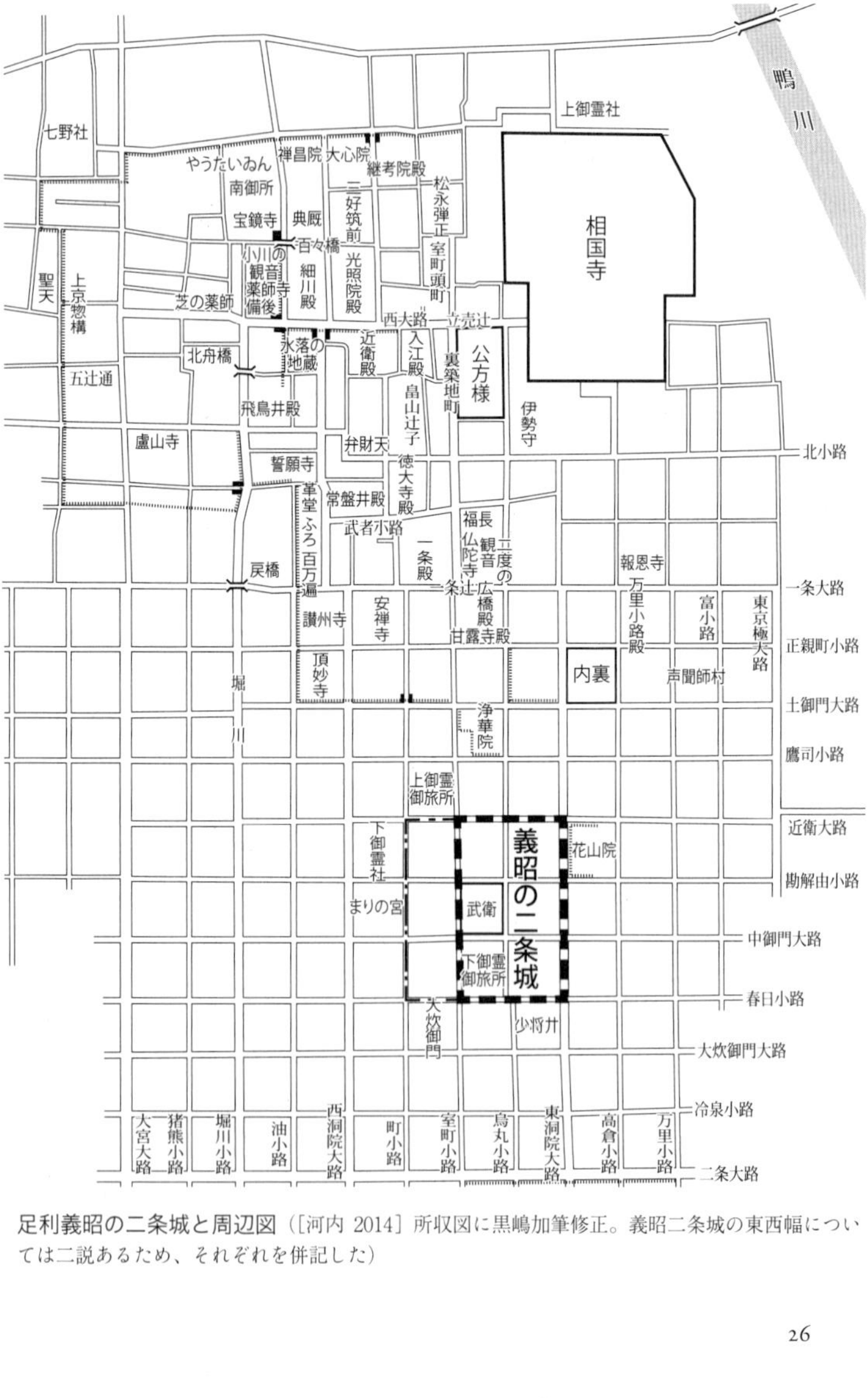

足利義昭の二条城と周辺図（［河内 2014］所収図に黒嶋加筆修正。義昭二条城の東西幅については二説あるため、それぞれを併記した）

に、工事の進捗《しんちょく》を感嘆とともに記している。それによると、二月十九日には西と南の石垣がほぼ完成し、三月七日には「内（本丸であろう）」の「磊（いしぐら＝石垣）」も完成した。さらに三月中に南・西の門櫓《やぐら》がそれぞれ完成し、四月二日には三重の「磊」と、南・東南に「だし（出丸）」が出来あがっている。「だし」は東側にも建設中だった。そこに義昭が入るのは四月十四日のこと。わずか二ヶ月半という急ピッチの普請で、この城郭は主を迎えるところまで完成したのである。

短期間でこれだけの規模の城郭普請を進められたのは、なによりも信長の功績によるところが大きい。フロイスによると、信長は「虎の皮を腰に吊し、はなはだ粗末な衣服をまとって」「手に竹を持って工事を指図」したという（『イエズス会』三―一〇二）。清州《きよす》城や小牧《こまき》城、さらには岐阜城と、それまで信長は自身の居城に拘《こだわ》りを持った普請をしており、そうした経験によるノウハウが、今回も余すことなく発揮されたのだろう。しかも大規模な土木工事には、大量の人員を計画的に差配し、段階的に進めなければならない。「通常二万五千名、少ない時で一万五千名」（『イエズス会』三―一〇二）と言われる動員人数は、信長の配下にある尾張《おわり》・美濃・伊勢《いせ》・伊賀《いが》・近江《おうみ》のほか畿内近郊から動員された侍《さむらい》衆が担い（「言継」永禄十二年二月二日条）、彼らが一種の軍役として従事したのである。

大量の人力を効率的かつ集中的に投下していたことを象徴するのが、巨石の運搬である。

上京《かみぎょう》の細川藤賢の屋敷にあった藤戸石《ふじといし》という巨石は、信長が三、四千人を駆使し、周囲が笛・鼓《つづみ》で囃《はや》しながら盛り上げるというお祭り騒ぎとともに、二条城へと運び込まれた。藤戸石は庭石として運ばれたものだが、庭にはほかにも三、四百もの石があったとされる（「言継」永禄十二年三月二十八日条）。

義昭の御殿を象徴し、そして今回の普請を象徴するものが石であった。石垣の工事では大量の石材が使われたが、石材の調達が間に合わなかったこともあり、近在の石仏などが用途を変えて利用されることとなった。仏教をライバル視するフロイスは、「石の偶像」が「多数破壊」され、「首に縄をかけられ、引きずって工事現場に運び込まれた」様子を興奮冷めやらぬ口調で記しているが（『イエズス会』三―一〇一）、それはとりもなおさず今回の普請が、入念な石材の事前準備とは無縁のところで、突発的に始められたプロジェクトであることを物語っている。

義昭二条城の姿

突貫工事で出来あがった義昭の本拠は、分かっているだけで二重の堀を持ち、石垣や出丸によって軍事的な防御性を高めた複雑な構造で、「武家御城」（「言継」永禄十二年二月七日条）

とする呼称が示すように、まさに城郭そのものであった。この城は現在、のちの江戸幕府の築いた二条城と区別することから「旧二条城」と通称されることが多い。ただ、旧二条城と呼ぶ場合、同じ敷地に義昭の時期のものと義輝の時期のものが重なり合って存在するため、本書では便宜的に「義昭二条城」「義輝二条城」と分けて呼び、それぞれの特色を考えていくことにしよう。

義昭二条城について本格的に検討した建築史家の高橋康夫氏は、「近世的な城郭の先駆として、義昭の城の持つ意義は大きい」と評価したうえで、義昭二条城が持つ「特色の多くが、豊臣秀吉の聚楽第と徳川家康の二条城に受け継がれている」と指摘する（[高橋二〇一五]二〇四〜二〇五頁）。近世武家政権による京都支配拠点の原型ともいうべきものが、すでに義昭二条城には現出していたのであった。

高橋氏によると、義昭二条城の持つ意義とは、以下七点である。

❶洛中に立地する平城
❷二重の堀
❸石垣を多用して要害を作ったこと
❹天主（天守）を備えていること

❺天主を備えた本丸のほか、複数のだし（出丸）をもつこと
❻城内には家臣屋敷があったこと
❼大手門というべき西門櫓が室町通りに面していたこと

いくつか補足をしておこう。❷の堀については、内堀・外堀と読める記述が『言継卿記』にあるほか、フロイスは「（城の）外に水を満たした非常に大きな堀を造り、ここに多数の家鴨や種々の鳥を入れ、幾つかはね橋を架けた」（『イエズス会』三―一〇一）と記しているので、二つの堀のうち少なくとも外堀は水堀であったことが分かる。❹の天主は、本丸の西南の角にあった三重の櫓を指し、高橋氏は、信長による普請で築かれた西側・南側の高さ四間一尺の石垣が天主台になると推測している。これによれば、天主の建物最上部は地表面から二十メートルほどの高さに達していたはずで、洛中でも相当に目立つ建物であっただろう。

❼については、義昭二条城の外堀がどこかという問題に絡んでくるので、やや詳しく検討しよう。文献史料では外堀の位置までは判然としないのだが、有力な手がかりとして考古学の研究成果を紹介すると、地下鉄建設に伴う発掘調査によって丸太町通りから検出された四ヶ所の堀跡がこれに相当すると考えられている。四ヶ所の堀は、出土した遺物の時期や、フロイスの記述を裏づけるような石仏・石塔などを加工した転用材で築かれた石垣が見つかっ

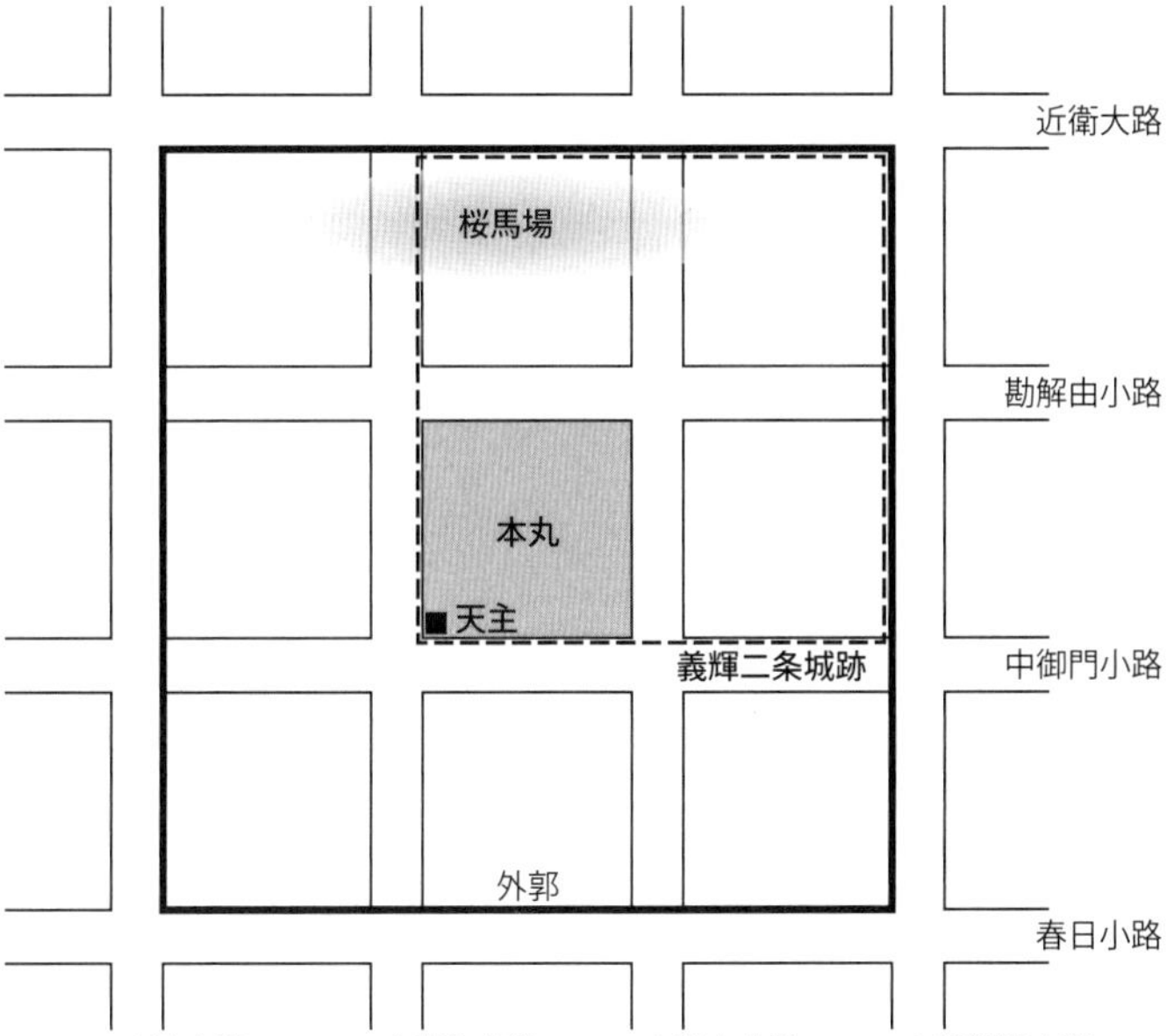

義昭二条城のイメージ

ていることから、義昭二条城の外堀と内堀に該当するものと比定されたのだ。これにより、義昭二条城の南北幅は平安京の条坊にして三町分（約三八〇メートル）に及ぶことが確実となったのである。

問題は義昭二条城の東西幅である。高橋氏の説によると義昭二条城は東西に二町となって西限は室町小路までとなるが、これでは大手門や西門櫓、さらには本丸の西南にあった天主までがすべて室町小路に面していたことになり、城郭としては違和感が残る。一方で考古学の研究者からは、室町小路の西側から検出された南北方向に走る二ヶ所の堀が注目されており、義昭二条城の内堀・外堀との関連が指摘されている〔馬瀬二〇一五〕。これによれば、義昭二条城の東西幅も約三町分を確保していたことになる。ただ、義昭二条城には「だし（出丸）」もあったことが確実であるので、内堀・外堀か出丸の堀かは明らかではなく、市街地の下にある遺跡のため全面的な発掘調査が行えない現状では、なお不明な点が残っている。確実ではないものの前著でも指摘したように、義昭二条城の北西は室町小路を超えていた可能性があり〔黒嶋二〇一八〕、この点からすれば東西幅も約三町に及んでいたとするのが自然であろう。

以上から、義昭二条城は三町四方の広大な敷地を持つ城郭であったものと考えられる。石垣を伴う内堀で囲まれた本丸の西南隅には三重の天主が、外堀で囲まれた外郭には奉公衆ら将軍直臣の屋敷のほか、北側には馬を責めるのに使う桜馬場《さくらのばんば》も設置されていた。上京・下京に挟まれた洛中の中心部ともいえる立地に営まれた、堂々たる近世的城郭だったのである。

大名たちからの経済支援

注意したいのは、二条城のすべてが信長によって整備されたわけではなく、信長が永禄十二年四月に帰国した後も、城郭普請は続けられていたことである。その費用は、義昭が諸国の大名たちから集めた金品であったと考えられる。その証拠に義昭から、奥羽では伊達《だて》氏や葛西《かさい》氏、九州では島津《しまづ》氏などの遠方の諸大名に対して「殿料《てんりょう》」の提供支援を命じた関連文書が残されている。遠方の大名には経済的な支援を求めていくのが義昭の特徴だが、少し気になるのは、それらの月日がバラバラな点だ。具体的に日付を示すと、

永禄十一年九月二十七日　　相良義陽（肥後）
永禄十二年一月ごろ　　大友宗麟（豊後）
永禄十二年閏五月二十三日　　葛西晴重（陸奥）
永禄十二年六月一日　　伊達輝宗（出羽）
永禄十二年六月十六日　　島津義久（薩摩）

このように諸国に一斉に命じたわけではなく、その都度その都度、使者の往復に合わせた便宜的なものだったことが分かる。とくに葛西晴重《はるしげ》宛てのものと伊達輝宗《てるむね》宛てのものは文面や使者が一致するにもかかわらず日付だけが異なっており、まるで当初は葛西氏などを対象とした使者派遣だったものが、あとから伊達氏分も付け加えられたかのような印象を持つ。

義昭の殿料要求は、手の付けやすいところから進められたのであろう。

では、これを受けた大名はどのように対処したのだろうか。島津義久《よしひさ》を例にすると、永禄十二年六月十六日付けの義昭御内書が到着したのは、翌年正月のことだった。しかも義久からの返書が出されるのは、七月十六日になる。ここまで遅れてしまったのは、距離と戦国時代ならではの交通事情もあるだろうが、当時の島津氏が繰り広げていた菱刈《ひしかり》氏との抗争が影響したのだろう。それに加え、中央の為政者との通交では、じっくりと時間をかけて相手の出方を見極めるのが義久のスタイルであった。義久は返信を急がず、義昭と信長が、安定的な幕府となりうるかどうかを見極めていたのではないだろうか。

その返書で義久は、殿料の献上こそ先延ばししたものの、義昭への入洛祝儀は贈っている。しかも当初は太刀《たち》一腰・馬一疋《ぴき》という儀礼的なものだけだったが、あとから黄金百両を追加していった経緯が分かり、義昭の幕府が安定している畿内政情を踏まえて、島津氏側で増量したものだろう。黄金百両は、かりに同時期の信長撰銭《えりぜに》令の交換比率で計算すると銭百五十貫となり、これは現代の貨幣感覚にすると約千五百万円もの大金に相当する。どうにか薩摩一国などを押さえたばかりの義久にとって、安くはない負担だったはずだが、それでも幕府将軍に対する上洛祝いとして必要な出費だった。こうした小さくはない額の金品が、各地の大名たちからも上納されていたと考えられ、それらが義昭二条城に集積していったのである。

義昭はそれを原資に、さらなる造営普請を進めていった。普請に一応の目途がつくのは、城内で竣工《しゅんこう》を祝う観能《かんのう》の宴《うたげ》が催された翌年（一五七〇）四月のことと考えられる（『信長公記《しんちょうこうき》』巻三）。

短期築城を可能にしたもの

いまでも義昭二条城の築城は、信長が持っていた築城能力の高さを証明する事例とされることが多い。よく引用されるのはフロイス『日本史』の次の一節であろう。「きわめて驚くべきことは、彼が信じることができぬほどの短期間にそれを成就したことである。すなわち少なくとも二、三年はかかると思われたものを、彼はほとんどすべてを七十日間で完成した」（『フロイス』二—一〇七頁）。ただ、フロイスが『日本史』編纂に際し、その典拠としたであろう同時代の書簡には続けて、「以上は石材工事に関することである」との注記がある（『イエズス会』三—一〇一）。すなわち、信長が七十日で成し遂げたのは、義昭二条城の基盤部分となる石材などの土木工事だけだったのである。実際、新築なった城郭に義昭が入った四月十四日から間もなく、信長は二十一日に京を出立するが、義昭はそれを「東之磊上」から見送っていた（「言継」同日条）。この時点で、東の石垣の上には何も構築物がなかったことを示していよう。

では、建築物はどうしたのだろうか。じつは義昭が入った本丸の建物の多くは、本圀寺から移築したものだった。あるいは、前年十一月に勝軍山城に移築されたという旧近衛邸の建物も、ここに流用されたかもしれない。解体と再構築が容易な木造建築の利点を生かし、当初は間に合わせの再利用で済ませたのである。その後の建物普請は、信長が京に置いた家臣の村井貞勝《さだかつ》や義昭の配下にある明智光秀ら幕臣たちに任されたのであろう。前述の天主が史料上に初めて確認されるのは翌年（一五七〇）七月のことなので、義昭二条城では信長帰国後も、上物《うわもの》となる建物の普請が続けられたものと考えられる。

さしあたりの土木工事だけとはいえ、信長が七十日という短期間で一応の完成まで漕ぎつけることができた理由としては、かつてここにあった義輝二条城の存在を忘れてはならない。そもそも義昭二条城の普請は、「光源院（義輝）御古城」の「御再興」であった。義輝の段階から「城」と呼ばれていた二条城は、すでに一定の規模を持っており、義昭二条城は以前に城郭として整備された跡地のリメイクで済んだ部分もあるのである。

その義輝二条城については、いまだに一町四方程度の規模しかない将軍御所として説明されることも多いのだが、史料を見ていくと、それは過小評価であることが分かる。少し詳しく検討してみよう。

足利義輝のプロフィール

天文《てんぶん》五年（一五三六）生まれの義輝は、義昭より一歳年上の兄である。父は十二代将軍足利義晴、母も義昭と同じく義晴正室の近衛尚通《ひさみち》の女《むすめ》（慶寿院《けいじゅいん》）である。義輝の生まれた頃は、まだ室町幕府の京都支配も比較的安定していたが、天文十年（一五四一）以後、畿内が政情不安に陥るたびに父義晴らは京都から近江坂本《さかもと》に逃れ（将軍の「動座」という）、しばらくして落ち着くと京都に戻る（「還京」という）ことを繰り返していた。天文十五年（一五四六）十二月に義輝が元服と同時に征夷大将軍職に就いたのも、動座中の近江坂本であり、就任儀式が行われたのは日吉《ひえ》社祠官《しかん》の屋敷だったのである。大御所として後見していた父義晴が天文十九年に四十歳で死んだ後も、動座は続き、どうにか京都に入ることができたのは同二十一年正月のことだが、それも翌年八月には再び近江朽木《くつき》谷に逃れている。その後、約五ヶ年を朽木で過ごした義輝が、ようやく還京できたのは永禄元年（一五五八）十一月。この間、京都を事実上支配していた三好長慶との和議が六角義賢《よしかた》の仲介で成立したため、久しぶりに将軍が都に戻り洛中に拠点を構えることとなったのである。

還京後の義輝は永禄八年に暗殺されるまで、京都を半年以上不在にすることはなかった。

これはつまり、この期間の室町幕府の支配が、ひとまず安定していた事実を示すものである。三好長慶との和議が結ばれたことで、長慶嫡男の義興《よしおき》と松永久秀《まつながひさひで》らは引き続き京都支配に関与する一方、義輝は長慶を相伴《しょうばん》衆に、義興・久秀を御供《おとも》衆にするなどといった幕府の栄典を与え、形式的にも彼らを幕府に取り込むことができた［田中二〇一七ほか］。それまで管領《かんれい》細川氏の被官《ひかん》にすぎず、将軍から見れば陪臣《ばいしん》にすぎなかった三好長慶が、一挙に昇進して武家秩序のなかで高い格式で優遇されることには「末世の故なり」とする反発も見られたが（『兼右』永禄三年一月二十二日条）、彼らを含みこんだ上に将軍が君臨することで、畿内の政情はバランスを保ったのである。義晴が死ぬ間際に、「天下を治むべき器用あり」（『万松院殿穴太記』）として期待を寄せた青年将軍義輝の還京は、「むろまちとの《（室町殿）》の御のほりの事にて、天下おさまりめてたし」（『お湯殿』永禄元年十一月二十七日条）とされるように、あるべき政治の復活として、天皇をはじめとする京都の人々から祝福され歓迎されたのである。

　永禄元年の還京が義輝にとってメルクマールになることは、同年十二月に近衛稙家《たねいえ》の女を正室に迎えていることからも明らかである。将軍家が近衛家から正室をもらうのは、父義晴の先例に倣ったものだ。近衛家は摂関家の筆頭、つまり公家社会のなかで最高位の家格であるだけでなく、その一門は有力寺社とのつながりが深く、戦国時代にあっても権門勢家《けんもんせいか》としての命脈を保っていた。公家の頂点に立つ近衛家と、武家の頂点に立つ足利家が姻戚関係を重ねて結びつくことは大きな化学変化を起こし、義晴・義輝の政治にもプラスに作用しているのだが、それについては次章で紹介することにしよう。

義輝御所の造営

では、洛中に居を落ち着けた義輝の居所はどのように整備されたのだろうか。永禄元年に帰京してからしばらくの間、義輝は相国寺《しょうこく》や妙覚寺《みょうかく》を仮御所としていたが、翌年（一五五九）七月に、新たな御所の造営を開始する。場所は勘解由小路室町にあった「武衛《ぶえい》敷地（斯波《しば》氏の屋敷地）」に白羽の矢が立ち、そこで「室町殿」の「御造作始《ごぞうさはじめ》」が行われたのは七月八日のことであった（「兼右」永禄二年七月八日条）。翌月には主殿の柱立てが行われており、「武家御所御新造」が進められていった（「目代日記」「厳助往年記」）。まだこの時点では、史料上は「御所」として登場しており、人々は従来の将軍御所（「室町殿」）と同程度のものが新造されるものと認識していたことだろう。

しかし、造営工事はその後も続いた。永禄三年（一五六〇）二月、造営工事の見物に訪れた山科言継の証言によると、そこには「武家御殿」のほか、義輝母が住む「慶寿院殿御殿」などの建物が立ち並んでいるだけでなく、御供衆の上野《うえの》信孝《のぶたか》が橋を、奉行衆の松田《まつだ》盛秀《もりひで》が周囲の堀を、奉公衆の沼田《ぬまた》光兼《みつかね》・結城《ゆうき》七郎《しちろう》が御殿の造作を担当するといったように、義輝の直臣《じきしん》たちが担当部門を受け持って、大規模な土木工事を伴う普請を進めていたのである（「言継」永禄三年二月二十四日条）。また前年十一月には、堀を掘る人夫役《にんぷ》が上京の町組「六町」に課せられており（「お湯殿」永禄二年十一月三日条）、義輝の御所は、こうした大量の臨時労働力を必要とするほどに、本格的な堀で囲まれた居館として造営されたのだった。

この堀普請役は、洛中の有力寺社や町組、洛外の郷村《ごうそん》単位に賦課《ふか》されたようで、その回避を求め幕府に陳情した吉田《よしだ》兼右《かねみぎ》は次のように記している。

【史料2】「兼右」永禄三年正月十日条

義輝さまからの返答によれば、今回の義輝御所の堀を掘る普請役は、たとえ諸郷から免除の陳情があったとしても、これを認めず、厳密に（一律に）賦課を命じるべきであると三好長慶どのから建議されていたところです。ですが、吉田家とは特別な間柄であるので、以前のように普請役を免除するとのことです。

この史料から、義輝御所の堀普請には三好長慶の賛同を得ていたことが分かる。当時の幕府が三好長慶と連携していたことを示すものとなるが、その一方で、既述のように実際に普請の現場で差配していたのは将軍の直臣であり、松永久秀を含む三好家中からの実働部隊の提供や協力があった痕跡はない。普請は幕府主導で進められたものであろう。

義輝御所が営まれたのは斯波氏の屋敷地であったが、京都を描いた洛中洛外図のうち、十六世紀初頭の景観年代を示すとされる「洛中洛外図《らくちゅうらくがいず》屛風《びょうぶ》（歴博甲本）」によれば斯波氏の屋敷の周りには堀はない。しかし戦乱のなかで辛酸をなめながら成長し、ようやく還京を果たした義輝にとって、それはあまりにも無防備な状態だったのであろう。普請で大量の労働力を行使して堀を掘らせた事実は、将軍御所が先例を超えて城郭化する、最初の一歩となったのである。

御所から城へ

造営が始められてから約一年がたち、ようやく永禄三年（一五六〇）六月十九日に義輝は新御所に移った。しかし間もなく、細川晴元の後継者問題で三好氏と六角氏の関係が悪化し政情が緊迫した。六角義賢が永禄四年（一五六一）七月に京都近くの勝軍山城まで軍勢を出しており、この軍事的緊張により、義輝は翌月、上京の町組「六町」に堀普請役を課している（「お湯殿」永禄四年八月十九日条）。御所の防御機能を高めるべく、堀を拡張しようとしたものであろう。

翌年（一五六二）三月、ついに六角義賢が入京してくると、義輝は一時的に京都を出て石清水《いわしみず》八幡宮へ居を移し、三好義興と松永久秀も近くの山崎《やまざき》に退避している。まもなく六月に義賢が兵を引き上げたことで、義輝らは京都に帰ることができたが、この六角氏入京は思いがけない余波を残した。室町幕府の政所執事《まんどころしつじ》だった伊勢貞孝《さだたか》が、六角氏に与《くみ》したため更迭《こうてつ》され失脚したのである。それだけでなく進退に窮した貞孝は挙兵し、松永久秀の追討を受け敗死したのだ（伊勢貞孝の変）。幕府の財政を支え、京都支配の実務の面でも秀でた能力を持つ貞孝は、義輝が朽木谷に逃れていた間も京都を離れることなく、三好長慶とも円滑な関係を築いていた。六角氏の入京時に京を離れなかったのも、同じ理由からであろう。京を掌握する武家勢力が入れ替わったとしても、行政実務のノウハウを持っている貞孝を取り込まなければ京都支配は立ち行かなかったのであり、自身の能力を武器に、貞孝は諸勢力との間でバランスを保とうとしていた。

貞孝を更迭させた義輝は、後任の政所執事に幕府評定衆《ひょうじょうしゅう》だった摂津晴門《せっつはるかど》を据《す》えた。将軍が帰京し、政情は表面上の落ち着きを取り戻したが、義輝は永禄五年の冬に、用心のためとして御所の周りに「大堀」を設けている（「厳助往年記」）。貞孝が不在となって微妙なバランスの変化が生じており、こうした京都での軍事的緊張が、将軍御所の防御力を高める城郭化を一段と推し進めることとなったのである。

石垣と桜馬場の造営

さらに義輝の普請は続く。永禄六年（一五六三）七月、公家の広橋国光《ひろはしくにみつ》は自宅の敷地内にあった「鎮守両社・春日・弁才天」が、「今度武家御所之御馬場」造営によって破壊されたため、新たに勧請《かんじょう》しなおすことを吉田兼右に相談している（「兼右」永禄六年七月二十五日条）。このとき、義輝によって馬場の普請が進められていたことが分かる。この馬場とは、のちの義昭二条城へと継承された「桜馬場」のことで、その場所は地名の遺称などから、義輝御所の北側、近衛大路の南側に位置したものと考えられる。あわせて、馬場の普請と同じ時期に義輝御所では、「御小袖御殿《おんこそでごてん》」を北側に移転させる計画が進められていた（「兼右」永禄六年八月五日条）。「御小袖御殿」とは、足利将軍家のレガリアともいうべき重宝「御小袖の鎧」を安置する空間であり、どうやら義輝御所の建物は北側へ大きく移転・拡張をしていたものと考えられる。おそらく桜馬場の造営と合わせて、北隣の区画は敷地内に組み入れられ、普請が本格的に開始されたのであろう。

ちなみに桜馬場の敷地は、もともとは公家の烏丸《からすまる》家が所有していた痕跡がある。義輝の暗殺後、山科言継の日記には桜馬場の記事が数回登場するのだが、いずれも決まって言継が烏丸光康《みつやす》と対面する前後に記されているためだ。烏丸光康は義輝が帰京した翌年、永禄二年に京都を離れたまま摂津の石山本願寺《いしやまほんがんじ》に滞在を続け、義輝が暗殺された翌年に京都に戻っていることから、義輝との関係は良好ではなかったのだろう。その烏丸家ゆかりの土地を収用して義輝は桜馬場を造営し、義輝死後はそこを旧所有者である烏丸家が管理していたということなのではないだろうか。

桜馬場の普請の次に、永禄七年（一五六四）十月から、より大々的な造営に義輝は着手する。院御所の跡地から「虎石」を運び込むなど、洛中の石を集めて「武家石蔵（＝石垣）」が構築されていくのである（「言継」永禄七年十月二十六日条）。義輝の近江坂本へ動座していた経歴からすると、同地の石垣積み職人として著名な穴太衆が動員された可能性は否定できない。このほかにも対面所をはじめとする建物の普請が進められていた。

しかもあわせて、ふたたび義輝は「大堀」の普請を始めている。その人夫役は上京・下京に課せられたのだが、今回は役負担が重すぎたためか人々が「逐電」する有様で、あおりを受けて同時期に予定された禁裏《きんり》普請は延期を余儀なくされている（「兼右」永禄八年二月十日条）。このころ、義輝のもとを訪問したフロイスは次のように記している。

公方様の邸は非常に深い堀で周りをことごとく囲い、一つの橋が架けられている。邸の外には三、四百名の高貴な兵士らと多数の馬がいた。

（【史料3】一五六五年三月六日付けフロイス書簡）

石垣構築と大堀普請が同時に計画された理由としては、やはり、永禄七年七月の三好長慶の死があげられるだろう。長慶の後継者と位置づけられていた嫡男の義興も、父に先立って前年に早世していた。長慶は急遽、自分の甥にあたる三好義継を養子に迎えたが、まだ十代だった義継が大身《たいしん》となった三好家中を十分に統率しうるとは考えにくく、長慶の死によって畿内の政情は流動化しつつあったのである。軍事的な緊張への備えとして、義輝御所では一層の城郭化が進められることとなった。

義輝二条城の規模

このように、義輝の居所は、永禄二年七月の御造作始から同八年五月の義輝暗殺事件まで、ほとんど休みなく改造と拡張が続けられていた。その造営工事は、幕府を取り巻く畿内政情の変化に対応したもので、軍事的緊張が高まるたびに防衛機能が高められていくのである。

その変質過程に注目すれば、義輝の居所は当初こそ「御所」と呼ばれていたが、最末期には深い堀で囲まれ石垣で武装された「城」としての呼称がふさわしいものとなっていた。この最末期の状況を重視して、本書でも義輝二条城と呼ぶことにしたい。

城の縄張りだけでなく、そこにあった建物も、のちの織豊期城郭の走りとなるような豪華さを備えていた。永禄八年正月に見物したフロイスは、次のように記している。

ことごとく木で造られた家にして、これほど豪華で一見に値するものを私はかつて目にしたことがない。というのも、公方様がいる部屋の障壁画（panos）はすべて金が塗られ、蓮と鳥が（描かれて）あり、これが甚だ美しさを添えているからである。また、部屋に敷き詰めた敷物、すなわち、ごく薄いマットは数多の技巧が凝らされ、窓の格子はかつて見た中でも最良の様式のものである。

（【史料3】一五六五年三月六日付けフロイス書簡）

建物だけでなく敷地も、同様に変化を遂げていく。当初は勘解由小路・室町小路の一町四方の斯波氏屋敷地を転用したものにすぎなかったが、北隣の区画が組み込まれ桜馬場が設置されるなど順次拡張された。その北限としては、義昭二条城の北外堀とされる烏丸通りから

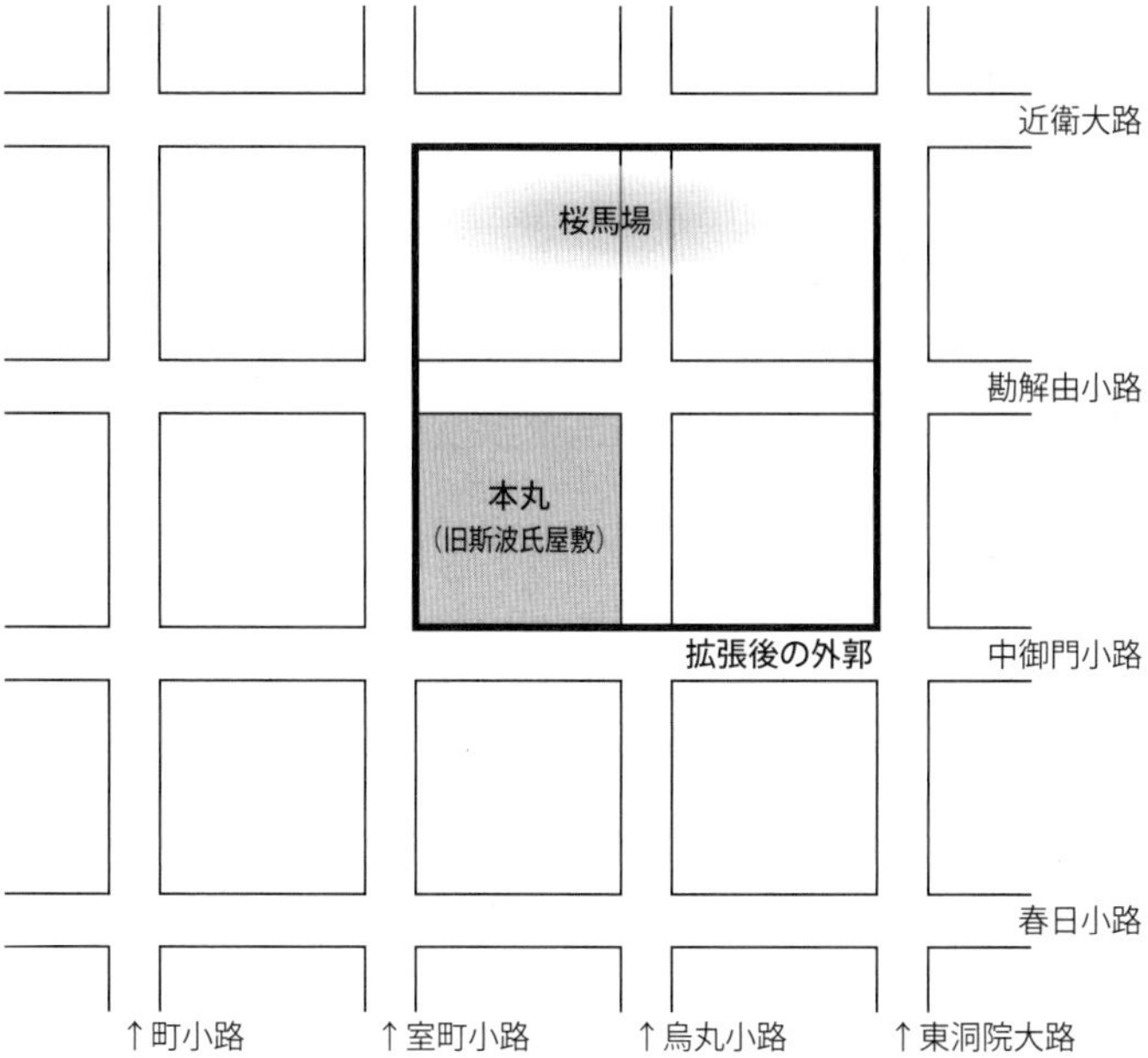

義輝二条城のイメージ

検出された北側の堀遺構が、もともとあった幅十メートルの素掘りの堀を改造して再利用していることが報告されており、この素掘りの堀が義輝二条城の「大堀」に該当するものと推定されている。これらのことから高橋康夫氏は、「最末期の義輝の城は、北は近衛、南は中御門《なかみかど》、東は東洞院《ひがしのとういん》、西は室町にいたる二町四方の規模に達していた」とする（［高橋二〇一五］一九〇頁）。従うべき見解であろう。もともとの斯波氏屋敷地部分を本丸とし、のちに拡張した部分を外郭として、二重の堀が巡っていたことになる。義輝の死後に成立したとされる「伊勢貞助記」が、義輝二条城を「近衛御所」と呼んでいるのも〔木下聡二〇〇九〕、最末期の城域が近衛大路まで至っていた証左となる。

ここで気になるのは、のちに義昭二条城が普請されるときのことを「二条武衛陣ノ前ノ御城搆ヲ東北へ広ケ」と記す「細川両家記《ほそかわりょうけき》」の文章である。だが「武衛陣（斯波氏屋敷）」を「東北」へと拡張する普請は、すでに義輝二条城の最末期に実施されていた。しかも「細川両家記」だけでなく、フロイスもまた義昭二条城の当初の姿を「四町四方」としていた（『イエズス会』三―一〇二）。ここでフロイスが言う「四町四方」とは、現代の二町四方の意味である〔高橋二〇一五、一九八頁〕。考古学の成果によれば、義昭二条城の規模が三町四方となることは既述の通りだが、それは信長の普請後に拡張された結果なのであって、信長の普請時点では、「武衛陣（斯波氏屋敷）」を「東北」へ広げた二町四方の義輝二条城を踏襲していたとするのが、文献史料からは整合的なところではないだろうか。この推定が正しければ、信長が「七十日」という短期間に完了させた城郭普請とは、すでに義輝段階で、二町四方まで拡張されていた義輝二条城の再整備にすぎなかったことになる。

そこで、あらためて、義輝二条城の持つ歴史的意義に注目する必要が出てくる。高橋康夫氏は義昭二条城の特徴として列挙した七点のうち、次の点に関しては義輝二条城にも該当するとしている。

❶洛中に立地する平城
❷二重の堀
❸石垣を多用して要害を作ったこと

これらの特徴を踏襲した義昭二条城が、義輝二条城を「基本的な骨格」として整備されたものであることは、高橋氏の指摘する通りであろう。

築城の費用

では、こうした大規模城郭を普請するにあたって、労働力の確保や費用の調達は、いったいどのように準備されていたのだろうか。まず労働力については、義昭二条城は、信長をはじめ、義昭のもとに当時出仕していた武将たちが家臣らに課す軍役のような形で現場の工事を請け負っていた。一方の義輝二条城では、奉公衆をはじめとした義輝の直臣たちが担当部門を割り当てられて監督し、実際の労働力は、洛中の町組や寺社、洛外の郷村《ごうそん》などを単位に普請役が課されていた。これは、義輝と義昭が、直接的に動員できた軍事力の差であるが、いうまでもなく義昭の場合は、その中核を占めていた織田信長の存在が大きい。

その信長による「七十日」の普請中に動員された労働力は、軍役の一環として課されたものであるため、「通常二万五千名、少ない時で一万五千名」(『イエズス会』三―一〇一)とされた労働者への対価も限定的なもので済んだと考えられる。これに対し義輝二条城の普請では、町組・寺社・郷村などへ普請役を課してはいるものの、実際には吉田郷のように免除申請をし、あるいは忌避や逐電するケースがあって、労働力は計画どおりに確保できたとは考えにくい。その場合、工事は臨時雇いの人夫によって進めなければならず、相当の費用がかかったはずである。

そんな苦境を救ったのが、室町幕府の将軍という地位である。義輝は武家政権の長として、諸国の大名などに帰京の祝儀や「殿料」への助力を命じていくのである。

では、大名たちはどの程度の提供をしたのだろうか。普請費用の要請に応じた豊後の大友氏のケースを見てみよう。

　将軍義輝さまからの御内書を謹んで拝受いたしました。さて、御殿の件で私にも助力せよとのご下命をいただきましたこと、承知いたしました。義輝さまが無事に御入洛をなされ、このような命令を頂戴でき、じつに喜ばしいことです。義輝さまの統治が、めでたく万全としたものであることを示すものでしょう。そこで、私からは御殿料として、取り急ぎ三千貫を進上いたします。

（【史料4】〔永禄二年〕八月十三日付け大舘晴光宛て大友義鎮宗麟書状写）

九州最大の大名だった大友義鎮《よししげ》から、幕府奉公衆で義輝の側近でもあった大舘晴光《おおだてはるみつ》に宛てた書状の写しである。義輝の帰京を寿《ことほ》ぎ、なんとも歯の浮くようなリップサービスが続くが、驚くのは提供された「三千貫」である。当時の一貫は銭の枚数にすると千枚分。一枚（一文）で現在の貨幣感覚にすると約百円になるので、一貫はおよそ十万円に相当する。つまり単純計算で三億円もの大金を、一人の大名が義輝の御殿料として上納したことになるのだ。

しかもこの時、大友氏から幕府に上納されたのはこれだけではない。義輝の母慶寿院の居所普請の費用として銭三万疋《ひき》（約三千万円に相当）、取り次いだ大舘晴光に黄金十両（仮に信長撰銭令の交換比率で計算すると銭十五貫＝約百五十万円）が進上され、このほか大友家中で重臣の吉岡長増《よしおかながます》・田北鑑生《たきたあきなり》・臼杵鑑速《うすきあきすみ》・志賀親度《ちかのり》・吉弘鑑理《よしひろあきまさ》らからも、それぞれ銭三百疋《ひき》・黄金十両が送られている。次章で詳しく見るように、当時の大友氏は北部九州支配の正当性を確保するため、熱心に幕府への進物《しんもつ》攻勢を繰り広げていた時期にあたるのだが、それにしても莫大な金品が「御殿料」として進上されていた事実に驚かされる。ここからも、将軍の帰洛と御殿の新造は、遠国の諸氏から金品を吸い上げる絶好の名目になっていることが分かる。

義輝二条城の軍備──鉄砲

大友氏から幕府に上納されたのは、銭や黄金だけにとどまらない。次の史料を見てみよう。

鉄砲の件で義輝さまからの命令が出されたところ、大友義鎮が受諾して厳密に配下に命じ、今回ご進上されたことは大変喜ばしく思います。ただ、以前に送った見本品とは相違点があるので、あらためて見本品をお送りします。少しも相違のないように製作したうえで、急ぎ進上していただければ祝着に存じます。

（【史料5】〔永禄二年〕九月十七日付け大友義鎮宛て大館晴光書状写）

大友義鎮が多額の御殿料を献上してから間もない、永禄二年九月十七日に大館晴光から義鎮に宛てた書状である。これだけでは意味が取りづらいので、福川一徳氏の研究（〔福川一九七七〕）に基づきながら、前後の経緯を説明しよう。

この前年（一五五八）閏六月に、義輝は自分が持っている鉄砲を「御本（見本のサンプル）」として大友義鎮に送り、同じような模倣品を製造し進上するよう命じていた。大友義鎮は承諾し、翌年正月に出来あがった鉄砲一丁を義輝に献上したが、その仕上がり具合に義輝は満足できず、あらためて見本品が送られ再生産を命じられたのである。注文とダメ出しの応酬は現代の大手メーカーと下請けの町工場の関係に似ていなくもないが、ともかくも鉄砲に対する義輝の並々ならないこだわりを示す事例であろう。

その義輝のもとに見本品となるほど優品の鉄砲があったということは、大友氏以外の各氏から進上されていたものと推測される。これを福川一徳氏は「当時、将軍家周辺には舶来、国産を問わず、各地から多くの鉄砲が集められており、こと鉄砲に関する限り、足利将軍家はあたかも一種の技術センター的役割を果たしていた事がうかがえる」（［福川一九七七］七八頁）と指摘している。伝来から十年以上が過ぎ、戦国時代の日本各地で鉄砲が製造される段階から、その品質改善を競う状況になっており、その中心に義輝が位置したことになる。

鉄砲にこだわる義輝の要望に大友義鎮がどこまで対応できたのか、この後の史料からは明らかではない。ただ、ダメ出しの翌年（一五六〇）三月には、大友義鎮からの「石火矢幷種子島筒」の献上に対する義輝からの返信が出されている。「石火矢（大砲）」や種子島《たねがしま》産の鉄砲を献上することで、義輝の目線を逸らせることに成功したのであろう。

ともかくも、これらの各氏から献上された鉄砲や大砲が、義輝二条城には集積されていたはずなのである。

鉄砲技術の仲介者

義輝のもとに集積された鉄砲などの軍需品とその技術は、戦国時代の大名たちにとって垂《すい》涎《ぜん》の的《まと》であった。義輝もそれを承知のうえで、より効果的に各地へ再配分を行っている。永禄二年六月には、義輝の帰洛祝儀のため上洛してきた長尾景虎《かげとら》（上杉謙信）に対して、「今度大友新太郎」が進上してきた鉄砲の火薬調合法を記した一巻を下賜している。アジアに近い九州から進上された舶来の最新技術が、北陸の景虎に与えられることは、じつに家の「御面目」とするべき目出《めで》たいことなのである（『上杉』四七一）。

これ以前に義輝は、上野の由良氏（横瀬《よこせ》氏）にも鉄砲一丁を下賜している。

そなたが鉄砲にご造詣が深いとのことを義輝さまが聞き及びました。この鉄砲一丁は、「南方」から鍛冶を招き、霊山城にて製造し、「作当」などが素晴らしい出来ばえのため義輝さまが秘蔵していたものですが、お送りします。これにつき義輝さまからの御内書が出され、じつに御面目の至り、目出たいことです。

（【史料6】〔天文二十二年〕五月二十六日付け由良成繁宛て大館晴光書状写）

天文二十二年（一五五三）五月二十六日付の大館晴光書状であるが、当時義輝は三好長慶との和議が成就せず、京都近郊の霊山《りようぜん》城に籠もって反撃のチャンスをうかがっている最中であった。そんな時に「南方」から鍛冶を招き寄せ鉄砲を製作していたというのだから、やはり義輝は、新兵器としての鉄砲に大きな関心を寄せていたのであろう。ここでの「南方」とは、鍛冶を招きうる距離にある鉄砲産地として紀伊《きい》の根来《ねごろ》寺あたりが想定されるだろうか。ただ、同時期に九州の種子島氏が大友氏などを介して、義輝らに鉄砲を売り込んでいたという指摘があり〔大山二〇〇九〕、翌年三月に種子島氏に対して次の書状が出されている。

鉄砲の火薬について、南蛮人から直接に相伝された種子島の調合方が、じつに素晴らしいとの情報が義輝の御耳に入り、このような御内書が出されましたので、伝達します。ついては遅滞なく善処されれば祝着です。この件で他言はなりませんぞ。

（【史料7】〔天文二十三年〕三月五日付け島津貴久宛て近衛稙家書状）

南蛮人から直接伝授された火薬調合法を献上せよとの命令で、ここにも義輝の鉄砲に対する執着が見て取れる。こうした種子島氏との関係性を踏まえれば、義輝が招いた「南方」鍛冶も種子島氏など南九州の人間であった可能性は捨てきれない。

アジアへの窓口となる九州から献上された鉄砲や火薬調合法などの最新の軍事技術が、義輝のもとに集積され、それが政治的な贈答品となって上杉氏や横瀬氏などの東日本の諸氏に配分されていく。その技術が希少であればあるほど、戦国の世にあって将軍権威の向上につながっていくのである。

義輝二条城の軍備――馬

義輝が秘蔵の鉄砲コレクションから大切な一丁を与えたのは、どのような理由によるのだろうか。さきほどの由良氏宛ての書状と同日付けで、大館晴光は次の書状を出している。

将軍義輝さまは御馬（それも駆け足の速い馬）を所望であると仰せです。これにつき義輝さまからの御内書が出されました。ご進上なされば、お喜びになるでしょう。

（【史料8】〔天文二十二年〕五月二十六日付け由良成繁宛て大館晴光書状写）

これによれば義輝は鉄砲一丁の見返りとして、俊足の名馬の献上を求めたのである。義輝は鉄砲と同じく名馬にも強い執着を持っており、とくにその関心の高さを示すのが、ただの馬ではなく、スピードの速さを指標にしている点である。

伊達晴宗の弟の実元《さねもと》が所有している「飯野黒」という馬が、一段と優れた「早馬」であることは京都においても噂になっているほどです。是非ご覧になりたいとの仰せで、これにつき義輝さまからの御内書が出されました。ついては私からも書状をお送りします。したがっての「上意」ですから、滞りなくご進上されますよう、晴宗からも配慮してください。

（【史料9】〔永禄四年カ〕二月六日付け伊達晴宗宛て大館晴光書状）

おそらくは永禄四年（一五六一）ごろ、出羽の大名伊達晴宗《はるむね》に出された大館晴光の書状である。京都で噂になるほどの名馬があると聞き、義輝はすぐに上納を命じているのだ。こうして明文化された「上意」として発せられた以上、伊達氏にとってその献上を拒むという選択肢はなかったであろう。このような俊足の馬を求めようと、東日本の諸氏に対して発給された文書が、数多く残されている。なかには徳川家康《とくがわいえやす》のように、その要請に俊敏に答えるこ

厩図屏風に描かれた16世紀の厩の様子
（国立博物館所蔵品統合検索システム https://colbase.nich.go.jp/）

とで義輝の歓心を買おうとした大名もあったほどだ［宮本二〇〇三］。

こうして諸国から集められた何匹もの名馬が、義輝二条城の厩《うまや》に整然と繋がれていたことだろう。永禄八年（一五六五）、その厩を見物したフロイスは次のように記している。

厩は杉材で造られた家屋で、上等な敷物を敷き詰めてあるため、ここで公爵を接待することも十分可能である。馬は一頭ずつ個室に分けられ、そこは下部と側面に板が張られている。敷物を敷いた所はすべて馬の世話をする人たちの居所である。

（【史料10】一五六五年四月二十七日付けフロイス書簡）

フロイスは別の箇所で義輝二条城に「多数の馬がいた」と証言しているので、この厩もかなり大規模なものであったに違いない。それは城内北部に設置された桜馬場に隣接するところにあったのであろう。そこには全国各地から上納された名馬、それも俊足の馬たちが繋がれていたのである。

義輝二条城に見る幕府の姿

以上のように義輝二条城には、地方から吸い上げられた鉄砲の名品や俊足の名馬などが集積されていた。このほか詳しくは省略するが、義輝は優れた鷹の上納も各地に求めている。鷹狩りを好んだ将軍らしく、各地から鷹を集め、その鷹屋も同じように城内に設置されていたことであろう。また、安芸《あき》の厳島《いつくしま》神社に奉納されていた名刀荒波《あらなみ》を義輝が徴収したことも分かっている（「厳島神社文書」）。馬や鷹、鉄砲、さらには刀剣類などといった、武芸に関する名品が義輝二条城には満ち溢れていたのであり、武家政権の拠点となる城郭にふさわしい状況だったのである。義輝二条城がいわば「武芸センター」のような様相を呈していたのは、なによりも戦乱のなかで苦労して成長したという、義輝のキャリアに裏づけられたものであることは明らかである。

これまで、ともすれば義輝期の幕府は、畿内支配を安定させるどころか京都に安住もできない、不安定で弱体化した政権であるとイメージされることが多かった。もちろんこれには、義輝が暗殺によって落命したことも大きな影を落としているだろう。

しかし本章で見てきた義輝二条城の姿は、そうした先入観とは大きく異なる。将軍の居所は二重の堀と石垣を構えた城郭へと姿を変えており、内部の建物は豪華な装飾が施されていた。これらの普請に際しては、大友氏など地方大名から献上された多額の「御殿料」が使われたと考えられる。しかもそこには馬や鷹、鉄砲や刀剣といった武家政権を象徴するさまざまな武芸のための軍需品も上納されていたのである。義輝二条城は、経済的な面でも軍事的な面でも、全国的な地方大名たちの支援によって一定の充足を見ており、将軍居所にふさわしいものとなっていた。地方の大名たちは、戦国争乱の火の粉を潜り抜けて、地域支配を実現させていた軍事的な強者である。自力の世界で勝ちあがってきたかに見える彼らが、ここまで協力しているということは、あらためて当時の社会のなかで将軍権威が持っていた意義を考えていかなければならないのではないだろうか。

では、これほどまでに当時の将軍が地方の大名たちを引きつけた、その構造的な要因は何だったのだろうか。次章では、その義輝と遠国の関係性を具体的に辿りながら、彼の政治について考えてみよう。

第二章　足利義輝と遠国

義輝と奥羽の諸氏

戦国時代になると、将軍と地方の関係性が冷え込んでいたとする先入観は、いまだに根強い。一般的なイメージとは、おそらく次のようなものだろう。地方の戦国大名たちは自身の領国を守り広げるための合戦に忙殺されており、領国の維持が最大の主要課題であった。もちろん将軍に対し完全に無視を決め込んでいたわけではないけれども、中央に使者を派遣するといっても、それはせいぜいのところ、大名や後継者が官途《かんと》などの栄典を獲得する必要がある時に限られる。つまり、将軍は儀礼的な上位者にすぎない。ましてや日々の生活に追われている中小の領主たちには、ほとんど無縁の存在なのである……。

こうした前提に立てば、中央から離れた場所ほど、将軍との関係性は希薄になるはずであろう。室町時代の政治中心であった京都から「遠国」とされていた東北（陸奥・出羽の二国。以下奥羽とする）や九州ではなおのこと、物理的な距離が制約となって、人間の往復には時間的にも費用的にもコストを要した。わざわざ労力を費やしてまで通交する必要性は、地方の側にも将軍の側にも乏しかったかのように考えがちだ。

では、実際のところはどうなのであろうか。具体的に遠国の諸氏に関する事例を見ていこう。

まずは奥羽の諸氏について、室町幕府政所代蜷川《にながわ》氏のもとに伝来した史料である「讒拾《ざんじゆう》集《しゆう》」と「御状引付《ごじようひきつけ》」紙背文書《しはいもんじょ》から検討する。時は天文二十三年（一五五四）冬、将軍義輝が奥羽に二人の使者（商人の坂東屋《ばんどうや》富松《とみまつ》と鷹師と思われる竹鼻《たけはな》）を派遣したところ、翌年、伊達氏をはじめとした奥羽諸氏から音信が届けられ、なかには陸奥稗貫《ひえぬき》郡の稗貫義時《よしとき》や常陸《ひたち》の大《おお》塚政成《つかまさなり》のように自身が上洛するものもあった。これに対し、幕府側からの返使《へんし》として南奥には富松が、奥羽中部には竹鼻がそれぞれ派遣されている。竹鼻は蜷川親俊《ちかとし》から大崎《おおさき》氏宛ての披露状を含む十八通を携《たずさ》え、帰国する稗貫義時と同道して下向《げこう》するのだが、その十八通の宛《あて》所《どころ》を列記したリストが「讒拾集」に含まれていた。このリストによって、天文二十三年に幕府へ通信を送った奥羽の諸氏が判明するのである。

つぎの「御状引付」紙背文書は、木下聡氏の御教示により知りえた史料である。こちらも「讒拾集」のリストと同様に、幕府政所代蜷川親俊と、その主人である政所執事《しつじ》伊勢貞孝《さだたか》から奥羽の諸氏に書状を出すに際して、宛所とその書札礼《しよさつれい》の格付けを列記したものである。どちらも時期的に近く、記された人名からは弘治《こうじ》元年（一五五五）～永禄《えいろく》四年（一五六一）の成立となる。さらに絞り込むならば、永禄元年末の義輝還京前後が契機として有力な候補となってくるだろう。

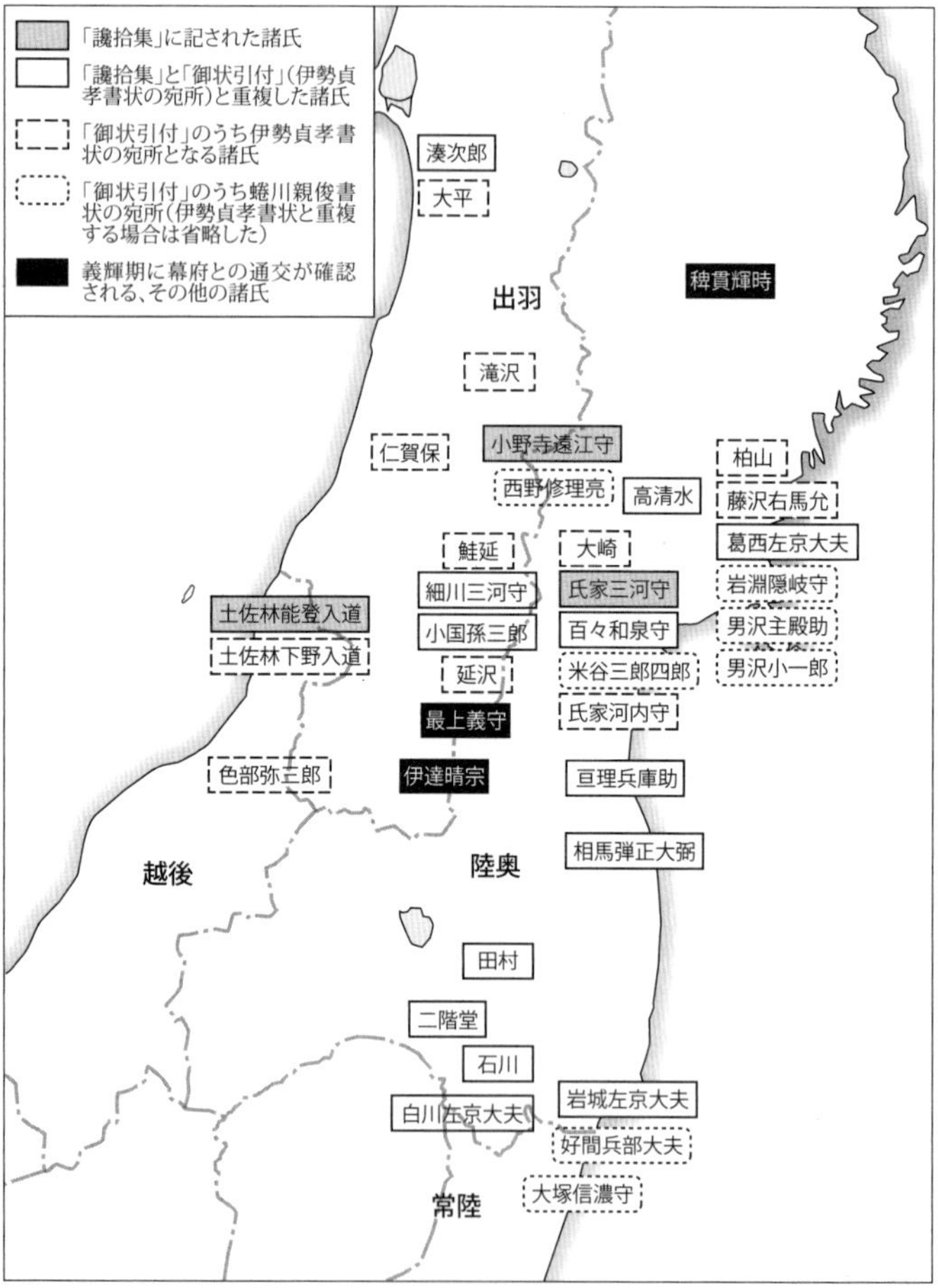
「讒拾集」に記された諸氏
「讒拾集」と「御状引付」(伊勢貞孝書状の宛所)と重複した諸氏
「御状引付」のうち伊勢貞孝書状の宛所となる諸氏
「御状引付」のうち蜷川親俊書状の宛所(伊勢貞孝書状と重複する場合は省略した)
義輝期に幕府との通交が確認される、その他の諸氏
湊次郎
大平
稗貫輝時
出羽
滝沢
仁賀保
小野寺遠江守
西野修理亮
高清水
柏山
藤沢右馬允
葛西左京大夫
鮭延
大崎
細川三河守
氏家三河守
岩淵隠岐守
土佐林能登入道
小国孫三郎
百々和泉守
男沢主殿助
土佐林下野入道
延沢
米谷三郎四郎
男沢小一郎
最上義守
氏家河内守
色部弥三郎
伊達晴宗
亘理兵庫助
相馬弾正大弼
越後
陸奥
田村
二階堂
石川
岩城左京大夫
白川左京大夫
好間兵部大夫
大塚信濃守
常陸
「讒拾集」「御状引付」に記された奥羽諸氏

二つのリストに記された諸氏を地図上に落とすと、このようになる。どちらも網羅的ではないため断定的なことは言えないが、二つのリストが重なり合う陸奥・出羽の中部地域においては、大宝寺《だいほうじ》氏の家宰《かさい》ともされる土佐林《とさばやし》氏のほか、小野寺《おのでら》氏・大崎氏家臣の氏家《うじいえ》氏ら・葛西氏などが共通しており、地域の中核的な領主として、幕府への通交に意欲的に応じていた状況が浮かび上がる。このうち大崎氏は足利氏一門の斯波氏の一族で、かつて室町幕府が陸奥国統治のために設置した奥州探題職《おうしゅうたんだいしき》を担っていたこともあり、古くから幕府との結びつきを維持していた。大宝寺氏・小野寺氏・葛西氏もまた、大崎氏の京都通交を下支えする存在として、幕府史料に散見される。彼らのような室町期以来の中小領主が戦国期にもそのまま存続しているのが、奥羽の地域的な特徴になる。なお、この時期の彼らの名乗りは大宝寺義増《よします》・小野寺輝道《てるみち》・大崎義直《よしなお》・葛西晴胤《はるたね》といったように、将軍義晴・義輝からの一字偏諱を受けたものである。これも、幕府との通交が恒常的に続けられていたことを示している。

こうした大崎氏らを取り込みながら、奥羽の諸氏を歴訪し、幕府との間を往復する使者が仕立てられていたのである。ただこのリストには、伊達氏や蘆名《あしな》氏といったもう少し規模の大きい大名クラスの名前がない。後述するように、彼らは単独で時々の政治的要請に応じた使者が往復している状況が見て取れるので、このリストにあるような歴訪するタイプの使者は、単独で使者を派遣するまでには至らなかった中小クラスの領主たちを対象としたことになるだろう。

近衛氏と南九州の諸氏

つぎに、同じく遠国とされた九州、とくに九州南部について見ていこう。「讒拾集」「御状引付」と似たような史料として、ここでは近衛稙家《たねいえ》から島津氏などに出された書状を取りあげてみたい。

もともと近衛家は中世前期から島津氏と深い関係を有しており、それは室町・戦国期になっても変わらなかった。だが島津氏は、十五世紀後半から家督をめぐる一族内での対立を激化させており、このため近衛家の側でも、惣領家《そうりようけ》だけでなく有力な一門や家臣にも通交範囲を広げることで、現地での状況に対応できるようにしていた［金井二〇〇三］。近衛稙家の時期には、有力庶流《しよりゆう》家であった相州《そうしゆう》家の島津貴久《たかひさ》が台頭し、守護家の勝久《かつひさ》を薩摩から追うとともに、薩摩などの中小領主を臣従させていた。貴久は近衛稙家の尽力で天文二十一年（一五五二）六月に修理《しゆり》大夫《だいぶ》に補任《ぶにん》されるとともに、嫡男又三郎《またさぶろう》に将軍義輝からの「義」字の偏諱を獲得している（この又三郎がのちの島津義久）。稙家が島津貴久と幕府を結ぶ取次役《とりつぎやく》となっているのだ。

　この二年後、天文二十三年（一五五四）三月五日付けで、近衛稙家は島津貴久・種子島時《とき》尭《たか》に宛てて、「南蛮人」から直接に相伝された鉄砲火薬の調合法の献上を求めた書状を出している（前掲【史料7】、「種子島文書」）。これらは大山智美氏によって天文二十三年に比定されたものであるが［大山二〇〇九］、このほかにも関連して、近衛家への支援を求める内容の稙家書状が出されている。いずれも同日付けで、稙家からの使者を不《ふ》断光院《だんこう》が務めていることから、同じく天文二十三年に一斉発給《はっきゅう》されたものと考えられる。

　一斉発給された稙家書状の宛所となっている十六名のうち、九州南部の諸氏を地図に落としてみよう。島津修理大夫（貴久）を中心に、その家中や従属している国衆の名前が列挙されている。しかもそのなかには、祁答院《けどういん》氏や蒲生《がもう》氏などの名前が見えることも興味深い。彼らは、天文二十三年秋に貴久に対して反旗を翻すのだが（岩剣《いわつるぎ》城の戦い、［新名二〇一七］参照）、少なくともその半年前までは貴久と協調関係にあったことがこの書状案から推測できるだろう。修理大夫任官などによって貴久の優位性は確立しつつあったが、いまだ諸領主の連合政権の盟主という側面が強い当時の島津家中の状況を反映しているのであり［山口一九八六］、新たに貴久のもとに服属した薩摩・大隅北部の国衆たちにも、早速近衛家が同じように支援を要請しているのである。戦国大名の領国拡大は、中央の権門勢家にとっても、新たに権益を広げるチャンスなのであった。そのため貴久だけでなく、その家中や、貴久のも

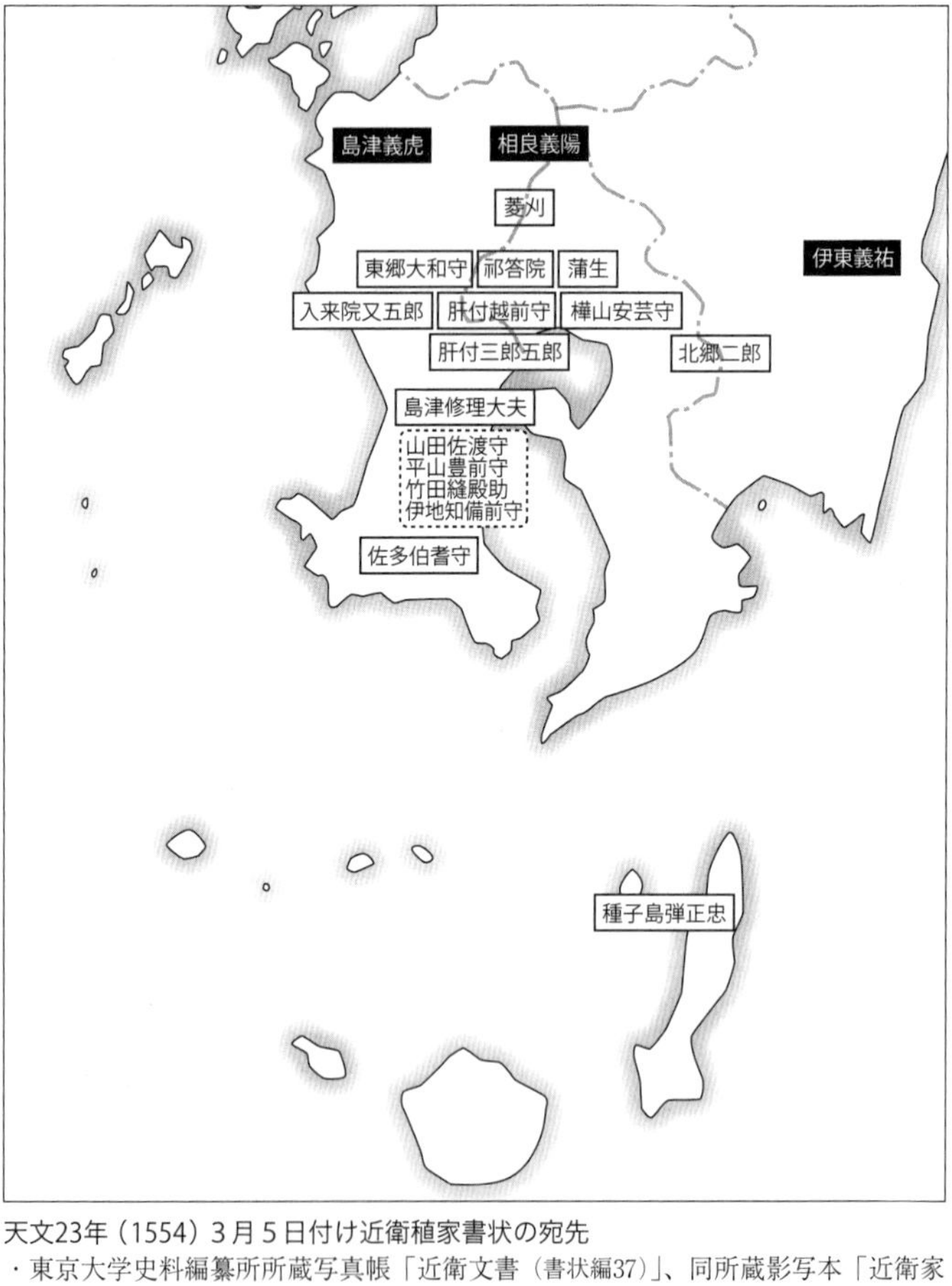

天文23年（1554）3月5日付け近衛稙家書状の宛先

・東京大学史料編纂所所蔵写真帳「近衛文書（書状編37）」、同所蔵影写本「近衛家文書」、影写本「種子島文書」、陽明文庫所蔵「島津家僕賜丹生消息并奉書（元禄十三年）」、「島津」292号、『鹿児島県史料旧記雑録　前編』2、『鹿児島県史料旧記雑録 家わけ』2により作成。

・山田佐渡守、平山豊前守、竹田縫殿助の3名は詳細不明のため便宜の位置に置き、┆┆とした。

・義輝期に幕府との通交が確認される、その他の諸氏を■とした。

とに緩やかに編成されている一族・国衆をも含めたものとして、近衛稙家はじつに広範な範囲に宛てて書状を出していたのである。南九州でも奥州と同様に、大名による統合が十分に進んでいない地域の場合は、中央の側も中小の領主たちを地域単位で面的に把握し、それぞれとの関係性を維持しておく必要があったといえるだろう。

おそらくその背景には、二年前の貴久の官途申請をきっかけとして、南九州の諸氏との関係が頻繁になったという事情があるのだろう。それに加えて、稙家は当時、近江朽木谷へと逃れた将軍義輝と行動をともにしている。後述するように、義輝にとって伯父にあたる稙家は義輝の地方政策を補佐する重要人物であり、それゆえに将軍に付き従ったのであるが、公家社会の中心となる摂関家《せっかんけ》が京都を離れることのリスクも相当に大きい。その危機感から稙家は、南九州のような遠方の諸氏にも、優れた鉄砲技術や経済的支援を提供させることで、将軍義輝と近衛家を逆境から救おうとしたのである。

大友氏の位置

なお、この「近衛文書」には、同日付けで大友義鎮と家臣の本庄新左衛門《ほんじょうしんざえもん》、および大内《おおうち》義長《よしなが》（大友義鎮の実弟）に宛てた稙家と息子の前久の書状案も含まれている。当時の大内氏は、天文二十年（一五五一）に大内義隆《よしたか》が自害に追い込まれた後、陶晴賢《すえはるかた》によって義隆の養子となっていた義長が当主に据えられていた。たまたま大内氏（陶氏）と大友氏とが協調関係にあるため、二人宛ての書状案があっても不自然ではないのだが、島津氏への使者との関係性については、少し説明が必要かもしれない。これは地理的に大内・大友領国が九州南部への使者下向ルートにあるという以上に、九州における大友氏の政治的地位の高さによるところが大きい。二年前の貴久の官途申請時の使者や種子島氏からの鉄砲献上の使者も大友氏を経由しているように、島津貴久ら南九州諸氏の京都通交にとって、大友氏の存在は不可欠であった。永禄三年（一五六〇）、島津氏と伊東《いとう》氏の紛争を調停するために幕府から派遣された伊勢貞運《さだかず》に対し、島津家側は「大友家に指示を仰ぎ、九州支配の安定の一角となって将軍への奉公に励みます」（「樺山安芸守善久筆記」『旧記』後一―一一五三）と述べており、大友宗麟を九州の盟主的存在と認めていた。

またこの頃、中国大陸では倭寇《わこう》の被害に苦しんでおり、明《みん》王朝はその禁圧を求めて一五五五年から相次いで日本へ外交使節を送っているが、その使節たちも九州では大友義鎮を交渉相手としていた［黒嶋二〇一五］。九州沿岸部に目を光らせることができたのは、大友氏だけであるという客観的な判断理由によるものであろう。

当時の大友義鎮は九州最大の大名として政治的・儀礼的に高く位置づけられただけでなく、

長年対立していた大内氏との関係を好転させたことで、もともと大内氏の影響力が強く及んでいた北部九州へも徐々に触手を伸ばしていく。稙家書状案の前年から義鎮は、幕府に対して肥前《ひぜん》守護職の獲得を打診しており、この天文二十三年（一五五四）八月に晴れて正式な補任を受けている。また筑前《ちくぜん》にも進出しようとしており、大内義長との協調を大義名分として北部九州の実力支配に乗り出し、その一方で正当性の確保のために、幕府方とも一定の頻度での通交を維持していた［堀本二〇一二］。

ところが、弘治元年（一五五五）に陶晴賢が厳島の戦いで敗死すると、大内領国では毛利元就の勢力が拡大していった。毛利氏の周防《すおう》・長門《ながと》への侵攻を受けて、大内義長は弘治三年（一五五七）四月に自害し、ここに、大内領国は崩壊したのである。この間、大友義鎮は毛利元就と内々に連絡を取って大内家の廃絶に同意し、永禄元年（一五五八）十月には幕府にも大内後継問題の一時凍結を報告した。

これを機に、事実上の大内後継となる毛利元就が新たな画策を始めている。元就は弘治三年七月、大内義隆の菩提を弔うため、勅願寺だった寺院を再興せよとの後奈良《ごなら》天皇の綸旨《りんじ》を獲得し、これによって山口の大内館跡に龍福《りゅうふく》寺を建立している（「防長寺社証文」）。わざわざ元就が朝廷に働きかけてまで綸旨をえたのは、居館の跡地で菩提を弔うことで、大内氏の祭祀権を手元に管理する目的があったのである。

大友氏と九州探題

こうした大友義鎮と毛利元就との微妙な関係のもとで、大内氏の家督《かとく》問題は、北部九州への影響力に直結してくるだけに、上位者である幕府や朝廷を巻き込んだ神経戦へと展開していった。毛利氏が朝廷に手を付けたのとは対照的に、大友氏は幕府に熱心にコンタクトを取り、永禄二年九月十七日付けで、義輝側近の大館晴光から次のような発言を引き出している。

大内氏の家督のことは、かつて将軍義晴さまの代に、家系に従って大友氏が世話をするようにとの命が出されている。この前例に従って、もし毛利氏が大内家督について陳情してくることがあっても、まず大友氏に一報を入れ相談することとする。

（【史料11】〔永禄二年〕九月十七日付け大友義鎮宛て大館晴光書状写）

ここでいう義晴期の経緯は判然としないが、おそらく、大内義隆の養子で家督継承者であった晴持（義隆の姉の子）が天文十二年（一五四三）に出雲《いずも》で戦死したため、同じく義隆の養子となっていた晴英（のちの義長、義隆の姉の子にあたる）を家督継承者として立てることに賛同するとの内意であったのではないだろうか。ただこの後、義隆に天文十四年に実子義尊《よしたか》が誕生したことで晴英の家督相続計画は立ち消えとなったらしい。大友義鎮は、かつて大友氏が大内家督問題に関与していた先例として、過去の経緯を持ち出したのであろう。

これによって大内家督問題は大友義鎮の管轄下にあることを幕府が公《おおやけ》に認めたこととなる。しかし毛利氏が北部九州の諸氏にも手を伸ばしてきたことで、大友氏側はさらなる対策に迫られた。そこで永禄二年六月に豊前・筑前の守護職を獲得した流れを受け、十一月には将軍義輝から大友義鎮に宛てて次の御内書が出されている。

九州探題職と大内家督のことは、先例に従って、大友氏の管理とすることに問題はない。この件について、九州探題の料所などは管理している大友義鎮から命じ、毎年の年貢を幕府に運上するとのことを、内々に宗可《そうか》に伝達してきたことは実に神妙である。ついては松永久秀に対しても綿密に連絡を取るように。なお詳細は大覚寺門跡義俊・久我愚庵から連絡させる。

【史料12】〔永禄二年〕十一月九日付け大友義鎮宛て足利義輝御内書）

つまり大友義鎮は、大内家督が自身の管理下にあることを、より明確な言葉として将軍義輝から公認させるために、九州探題の「料所《りょうしょ》（＝所領）」を持ち出し、その所領からの収益を幕府に上納するとの提案をしたのである。九州探題は室町幕府が遠国の九州統治のために設置した役職で、十四世紀末から足利氏の一門である渋川《しぶかわ》氏が世襲してきたポストである。ただ九州での戦国騒乱の激化によって渋川氏も分裂したようで、最終的には大内氏が擁立した渋川義基《よしもと》の存在が知られるが、それも大友義鎮・大内義長の連携によって用済みになったためか、九州探題領だった所領は大内家領に吸収されたものと考えられている。これを継承した大友義鎮は、広い意味で幕府の所領であった九州探題領について、大内家の縁に連なる自身が管理できているとアピールし、そこからの収益を上納するとの建前のもと、実態としては金品を払って九州探題職と大内家督の管理権を獲得したわけである。そうした代償を支払ってまで、大内家督が自身の管理下にあることを幕府に明言させたかったのだ。

それは三好長慶の陰謀なのか

ところで近年、三好史研究の第一人者として活躍しておられる天野忠幸氏が、この【史料12】について、じつに興味深い説を提示している〔天野二〇一〇・二〇一六〕。天野説の前提となるのが、三好長慶の戦略である。当時三好氏は讃岐《さぬき》に出兵しており、備讃《びさん》海峡を挟んで毛利氏とは対立関係にあった。天野氏によると「そこで長慶は毛利元就を牽制するため」に大友義鎮を動かそうと、義輝に【史料12】を出させた。【史料12】に登場する「宗可」を天野氏は堺の豪商である若狭屋宗可《わかさやそうか》と比定し、若狭屋宗可が松永久秀の茶頭でもあったことから、大友義鎮に「九州探題などを任命するように動いていたのは、長慶であった」と断じる。その理由は、九州探題などを獲得した大友義鎮に対抗しようと、「元就の目が備讃海峡から北九州に向けられたことで、漁夫の利を得たのは三好氏」となるからである（［天野二〇一六］三六〜三八頁）。事実とすれば、三好長慶が遠国の九州にまで関心を向けていた証左となり、インパクトのある魅力的な説となるであろう。

では、その妥当性を検証してみたい。天野説は、❶当時の三好氏の戦況、❷「宗可」を若狭屋宗可とする人名比定、❸三好長慶の家臣でもあった松永久秀の関与という三点から構成される。

このうち、まず❶については、三好氏だけでなく、当事者である大友義鎮の側にも目を配る必要があろう。大友氏側が以前から大内家督問題に神経を尖らせてきたのは既述のとおりであり、しかも九州探題職は、料所を引き合いに大内家督問題を大友氏側に紐《ひも》づけるための切り札としてだされたものであることは、【史料12】の本文から明らかである。つまり探題職の獲得は、大友氏にとっては以前から渇望していた大内家督を掌握するために必要で、大友氏側が主体的に働きかけをした結果であることは否定しがたい［山田二〇一九］。

つぎの❷は、前後する時期の大友氏と幕府との往復文書を通覧し、「宗可」の登場する意味を考える必要がある。すると、守護職補任など幕府からの公的な通信を取り次ぐのは義輝側近の大館晴光である一方、「宗可」は大覚寺義俊が関係する場面で、義輝のもとに金品の上納がなされる際に、とくに内々の伝達者として登場していることが分かる。たとえば大友義鎮から義輝に、牧谿《もっけい》作の名画「漁夫」が献上され、追って茶釜の名品も献上したいとの旨が内々に大覚寺義俊によって伝えられているが、その伝達者も「宗可」であった。「宗可」は大覚寺義俊との関係が深く、公式な手順とは別のルートで、内々に義輝に話を通すときのチャンネルだったのであろう。たしかに茶道具との接点は堺の豪商である若狭屋とする比定の根拠となるが、その一方で、屋号「若狭屋」と記したものが大友氏関係史料のなかに発見できないことから、必ずしも確定的なものといえないのではないか。

最後の❸は、幕府と大友氏との間の通交文書で松永久秀が出てくるのはこの一例のみなので、その意味を交渉過程のなかで検証する必要があろう。この永禄二年六月に豊前《ぶぜん》・筑前の守護職を獲得した大友義鎮は、おそらく同じタイミングで、義輝から九州にある北野天満宮の宝成院領の確保を命じられており、同年八月にその請文《うけぶみ》（承諾書）を幕府に提出している。ここでの宝成院領は九州にある豊前高墓《たかつか》荘・稗田《ひえだ》荘を指す可能性が高く、守護となった義鎮は、任国内にある所領から京都の権門寺社への上納を名目的にせよ再構築する必要があった。

北野宝成院領もまた、九州探題領からの上納復活や、前章で見た義輝への殿料三千貫贈呈などと同じように、幕府から大友氏への金銭攻勢の一環なのである。ただ、請文提出後、義輝から受領の返書が出されるのは翌年五月までずれ込むため、細部での交渉が続いていたというこことなのだろう。一方で松永久秀は、もともと三好政権の重鎮でありながら、永禄二年の義輝の京都復帰後は京都支配に携わり、幕臣としての側面も併せ持つようになっていた［田中二〇〇九］。その久秀と大友義鎮が「入魂《じっこん》」に通交する必要性があったとすれば、それは時期的にも職掌的にも、北野宝成院領に関する問題であったと考えるのが自然であろう。

このように幕府―大友間の通交過程のなかで検証してみると、三好長慶が九州探題を授ける裏工作を担っていたとする推測は根拠に乏しいことが分かる。天野説は、問題の【史料12】を三好氏中心の観点から読み、そこに登場する人名を三好氏との関係性のみで解釈することによって導き出された見解であって、大友氏側の史料との整合性という面では相当に無理が生じるのである。やはり三好氏は一連の動きには関係しておらず、遠国政策に関心を持つことは少なかったと考えておくのが史料からは妥当なところであろう。

毛利氏へのフォロー

さて、大友義鎮に九州探題職と大内家督の管理を認めた将軍義輝であったが、そこに敏感に反応したのは毛利氏であった。後述するように、当時毛利氏のもとには尼子《あまご》氏との和睦を調停するべく義輝から聖護院門跡道増《しょうごいんもんぜきどうぞう》が派遣されていたため、毛利氏側の要望が即座に幕府に報告される状況にあり、とくに大内家督問題は重要な問題だったので、早速に幕府側の見解を質《ただ》している。それに対する義輝の説明は、次のようなものだ。

大内氏の名跡を大友義鎮に命じたかのように毛利氏側では受け止めているようだが、まったくの見当違いというものだ。あとで詳しく説明するが、じつに驚くばかりだ。総じて大内家督の問題は何かと支障があるので、誰が申請してきても一概には決定しがたい。ただ今回、大友義鎮から殿料として三千貫が献上されたので、誰よりも勝る奉公であると賞する褒美として、義鎮に左衛門督《さえもんのかみ》の官途を与えたところである。これが毛利氏側に曲解《きょっかい》され伝わったのではないかと訝《いぶか》しく思っている。こうした事情も毛利氏の使僧は承知しているので、帰国したら詳しい説明があるだろう。

【史料13】〔永禄三年〕三月二十九日付け聖護院門跡道増宛て足利義輝自筆消息「毛利」一二三八）

このように義輝は、毛利氏側の懸念は大友義鎮の左衛門督補任を誤解したものであろうとしつつ、大内家督問題は一概に決定しがたい案件であるという前提に立っていた。大友氏と毛利氏の間で政治的意義が大きい案件であることを十分に認識したうえで、その中立的な立場を表明しているのである。これは将軍として、じつに巧妙な手法といえるのではないだろうか。どちらか一方に与せずバーターにしておくことで、当事者たちは、さらなる将軍への奉公に励み続けなければならなくなるからだ。実際に大友氏からは殿料三千貫や九州探題領からの上納を引き出し、また毛利氏も並行していた尼子氏との和睦調停との絡みもあって、新たに獲得した石見《いわみ》銀山からの銀をもとに二千貫を正親町《おおぎまち》天皇の即位費用として献上している〔三卿伝編纂事務所一九四四〕。毛利氏と大友氏は、ともに大内氏滅亡の果実を享受して複数国に領国を広げた大大名でライバル関係にあるが、そのライバルに遅れを取らないために、彼らは戦場だけでなく将軍への奉公というレースにも心血を注がなければならなかった。

そして、こうした奉公を賞するとして、大友義鎮は左衛門督に、毛利元就は陸奥守《むつのかみ》に、元就の嫡男隆元《たかもと》は大膳大夫《だいぜんだいぶ》に、それぞれ義輝から補任されている。幕府や朝廷への奉公に励むことで、将軍を頂点とする武家秩序のなかに明確に位置づけられていくのである。官途や一字偏諱は将軍から与えられる栄典として代表的なものであるが、栄典にはほかにも、将軍との親疎に基づいた格式である相伴衆・御供衆や、儀礼的な格式を示す桐紋《きりもん》・塗輿《ぬりごし》の免許など、多様なものが用意されていた。奉公に励む大名たちは、この武家秩序から逃れることはできず、まるで終わりのないスタンプラリーのように、栄典獲得のレールに乗らなければならなかった。自身の領国支配のために将軍権威は不可欠でありながら、それを維持するための代償を支払い続けなければならなかったのである。

毛氈鞍覆・白傘袋

将軍からの栄典のなかでも独特で面白いものが毛氈鞍覆《もうせんくらおおい》と白傘袋《しろかさぶくろ》である。以下、二木謙一氏の研究によりながら、その実態を紹介すると、毛氈鞍覆は赤い毛織物による毛氈が施された鞍覆（馬の鞍を覆うための馬具）、白傘袋は妻折傘を入れる白い布製の袋であり、二つはセットになって武家の行列の格式を示すものとなっていた。もともとは「守護大名クラスの人々のほか将軍扈従の御供衆など」に使用を許されていたものが、戦国期になると「新興の豪族たちにも免許される例」が増えてくるとされる［二木一九七九］。

ただ、毛氈鞍覆と白傘袋の使用許可が確認される諸氏には、おおきく分けて、将軍直属の軍事力となりうる畿内や近国の武将と、そうした機会に乏しい遠方の武将とに分けられる。義輝期には許可が与えられるのは遠方の武将が中心となるので、これは義輝の遠国政策を考える素材の一つとなりそうだ。

まずは天文十九年（一五五〇）二月に使用を許された越後の長尾景虎（上杉謙信）である。これは景虎が兄晴景《はるかげ》から家督を譲られた直後のことで、かつて大永《たいえい》七年（一五二七）に父為景《ためかげ》が将軍義晴から毛氈鞍覆・白傘袋の許可を受けた先例にならい、幕府から守護に準じる格式を公認されたことを意味した。景虎のものとされる毛氈鞍覆が今も上杉神社に伝来しており、景虎とその後継者にとって、自らの地位を幕府から公認されたレガリアともいうべき貴重な品だったのであろう。なお当時、越後の守護は上杉氏が世襲しており、景虎も自身の後見に上杉定実《さだざね》を奉じていたため、格式のうえで景虎は守護代にあたる。

毛氈鞍覆をまとった馬が描かれている洛中洛外図屏風（米沢市上杉博物館蔵）

以後の義輝から与えられる毛氈鞍覆・白傘袋の許可事例からは、守護代クラスを対象とする原則が確立したものと考えられる。たとえば天文二十二年（一五五三）正月、大内義長の重臣にあたる陶隆満《たかみつ》・杉重矩《しげのり》に免許が与えられた。大内家中では同じく内藤興盛《ないとうおきもり》・飯田興秀《いいだおきひで》にも先行して与えられており、複数国に及ぶ広大な領国を持つ大内氏の場合は、その重臣たちが守護代に相当すると理解されたのであろう。

ついで永禄二年（一五五九）には、六月に大友義鎮に豊前・筑前・筑後の守護職が与えられ、おそらく同じタイミングで、大友氏重臣の吉岡長増・田北鑑生・臼杵鑑速・志賀親守《しがちかもり》に毛氈鞍覆・白傘袋使用が許可されている。なおこの後、永禄五年までに肥前の松浦隆信《まつらたかのぶ》も毛氈鞍覆・白傘袋の使用許可を得ているが、これも大友義鎮との関係性で整理できよう。また、大友氏が栄典を受けたことで、ライバルの毛利氏側でも同様の要求が出てきたためか、翌年二月に毛利隆元が安芸守護職を獲得すると、ほどなく重臣の山内隆通《やまのうちたかみち》に毛氈鞍覆・白傘袋使用が許可されている。このほか四国では、伊予河野《こうの》氏の家臣である大野直昌《おおのなおしげ》も毛氈鞍覆・白傘袋の使用許可を得ている。

このように義輝期には、守護職などを得ている大名家の場合は、その重臣を「守護代」に相当するものと見なし、毛氈鞍覆・白傘袋の許可を与えて室町幕府の儀礼上の格式に位置づけようとしているのである。ここに出てくる重臣の出自は、大名との血縁関係を持つものだったり、大名に従属しながらも本来は規模の大きい国衆だったりとさまざまだが、こうした栄典を与える義輝の側では、大名自身だけでなく、その家中も丸抱えで武家秩序に位置づけておく必要があった。戦国大名という地域権力体が、大名個人で成り立っているわけではないという現実を踏まえ、家中の有力者を取り込むために活用されたのが毛氈鞍覆・白傘袋という儀礼的な指標だったのである。

伊達氏と奥州探題

このように毛氈鞍覆・白傘袋の使用許可は、それを与えられた当事者だけでなく、大名家総体として家格の上昇にもつながる。この点を奥羽の伊達家の場合で考えてみたい。

まず前提として、伊達家が領国を広げた陸奥・出羽両国の特殊性に触れておく必要があろう。広大な陸奥・出羽両国は守護不設置の特別国とされ、室町幕府が一国規模の軍事指揮権を与えたのは、陸奥・出羽それぞれに設置された探題であった。要職である探題職は足利氏一門の斯波氏の一族が南北朝期から引き続いて世襲しており、陸奥の奥州探題は大崎氏が、出羽の羽州探題は最上氏が、それぞれ任じられていた。幕府の武家秩序の上では、大崎・最上両氏は斯波氏一族として高い格式を保持する一方、伊達氏や蘆名氏・葛西氏・大宝寺氏といった奥羽の諸氏は、原則として守護よりも下位にある「国人」として扱われる。奥羽諸氏のなかで伊達氏は複数の郡に及ぶ最大規模の領国を誇っていたが、奥羽では探題に任じられない限り、「国人」身分のままであり、たとえば文亀《ぶんき》三年（一五〇三）頃、越後守護上杉房《ふさ》能《よし》の側近黒田《くろだ》良忠《よしただ》は、伊達氏からの書状が「国人」から「大名」への書札礼を踏まえていないことに不快感を示し、房能もこれに同調していた［羽下一九九〇］。伊達氏が国人身分からの脱却を求めていたことは想像に難くないだろう。そしてそれは、守護不設置の奥羽においては伊達氏が探題職を獲得する以外に不可能なのである。

その伊達氏にとって、一つのチャンスがあった。大永元年（一五二一）末に行われた義晴の将軍就任に合わせ、遠国の諸氏との通交を活性化させた管領細川高国《たかくに》は、伊達稙宗《たねむね》の熱心な要求を受けて、ついに「陸奥国守護職」補任の内意を示したのである。もともと細川高国は越後上杉氏の支援要員として伊達稙宗と頻繁に通交しており、稙宗の希望に沿った提案であった。ただ「陸奥国守護職」は、一時的に設定された名目だけの空職であり、奥州探題職を渇望していた稙宗にとって予想だにしないものだった。結果、稙宗はその御礼をしないまま放置し、「陸奥国守護職」補任は計画倒れになったのである。

伊達氏の執念ともいうべき探題職補任が実現するのは、稙宗の子晴宗の時期まで待たなければならなかった。その経過を追うと、まず天文二十四年（一五五五）三月に晴宗は左京大《さきょうだい》夫《ぶ》の官途を与えられ、嫡男にも将軍義輝からの一字偏諱を実現させた（のちの輝宗）。

あわせてこの時、伊達家重臣である桑折景長《こおりかげなが》・石母田光頼《いしもだみつより》に毛氈鞍覆・白傘袋の使用許可が出されている。既述のように毛氈鞍覆・白傘袋の使用許可は守護代相当の儀礼格式を公認するものであったため、守護代の主君である伊達晴宗は間接的に守護となり、奥羽の場合は探題相当と公認されたに等しい。

伊達晴宗像（仙台市博物館蔵）

しかしこれに満足せず、伊達氏側からの働きかけは続いた。晴宗の重臣牧野宗仲《まきのむねなか》は義輝側近の大館晴光に宛てて、大崎氏と同等の「御書札已下之御儀」を伊達氏にも宛行《あてが》われるよう、つまりは武家秩序における伊達氏家格の引き上げを要望している（「類聚文書抄」『古川』三三九）。そしてついに永禄二年（一五五九）春、奥州探題職への補任が義輝還京のタイミングで発表され、あわせて桑折景長・牧野宗仲も正式に守護代に補任された［小林二〇〇一、黒嶋二〇〇二］。

では、この奥州探題職補任で、伊達氏側の念願はどこまで実現したのであろうか。桑折景長から大館晴光に宛てた書状を見てみよう。

奥州探題職の件で、内々に当方から音信を差し上げるべきところ、幕府からの使者として瑞林寺に御下向いただき幸甚に存じます。ついては御礼として黄金三十両・鷹・馬を進上いたします。奥州探題家の書札礼についても以前の大崎氏のものと同等のものを、急ぎ御内書でご許可くださされるよう取り成していただくことを、晴宗からも頼み入るばかりとのことです。

（【史料14】年未詳五月十七日付け大館晴光宛て桑折景長書状）

伊達氏側は、探題職に補任されたからには大崎氏と同等の書札礼を許可されるように要望していた。つまり奥羽における武家秩序の最高位である探題家としての待遇は実現しておらず、その履行を相変わらず求めていたのである。

永禄二年の持つ意味

伊達晴宗が奥州探題に補任された永禄二年（一五五九）春、すでに述べたように、同じ年の十一月に大友義鎮は九州探題職を獲得している（前掲【史料12】）。武家秩序上の家格上昇に執念を燃やす伊達氏と、大内家督問題で優位に立つために探題領を献上した大友氏とでは、探題職に対する捉え方やアプローチに差異があるものの、時を同じくして西と東の探題職に変化が生じたのだった。そこには、前年末に三好長慶と和睦し入京した将軍義輝によって、地方政治を刷新して幕府の影響力強化を図ろうとする姿勢が見て取れるだろう。

しかもその意味は、室町幕府という政治権力体の歴史のなかで決して小さくはない。もともと十五世紀段階には奥州探題の大崎氏も九州探題の渋川氏も、ともに足利将軍家の一門であり、それぞれの地域社会のなかで軍事指揮権の中核を担うとともに、もっとも将軍家に近い高い家格を保障されていた。室町幕府による地方統治は足利氏の血縁にあるものが要職に就く仕組みであって、いわば「足利の秩序」として機能し、維持されてきたのである。だが将軍義輝は、その遠国支配の要職を、実力による地域権力として台頭してきた大友氏・伊達氏に与えた。こうした状況は谷口雄太氏の表現を借りれば、足利氏一門という「血の重視」による権力体から、「力の重視」へと転換しつつあったといえるだろう［谷口雄太二〇一七］。同じ現象は遠国以外でも起きており、たとえば義輝の時期に顕著になる栄典の授与［二木一九八五］も、実力者に対する儀礼面での優遇と取り込みを図ったものとされる。

義輝のこうした政策は単純な実力者への接近と厚遇に映るが、しかし実態は複雑で、一方では儀礼面での過度な優遇にはブレーキをかけてもいた。たとえば秩序を可視化する書札礼の場合、伊達氏にも大友氏にも、その上昇をうかがわせる形跡はない。伊達氏があれだけ懇願したにもかかわらず、ついに「奥州探題家御書札」は認められなかったのである。幕府が小出しに栄典を与えたのは、伊達氏側からさらなる奉公を引き出そうという意図に加え、既成の武家秩序を急激に変更することは、足利将軍家にとってもリスクを伴うことを十分に認識していたためなのであろう。

しかもストレートに「探題家御書札」を認めてしまえば、それは旧来の大崎氏・渋川氏の切り捨てを意味した。渋川氏は大内領国の崩壊に伴ってすでに没落していたが、大崎氏は依然として陸奥中部の大崎地方を領している。幕府との通交にも熱心だった大崎氏を見捨てれば、周辺地域に動揺が走るのは明らかだった。

では大崎氏は、伊達晴宗の奥州探題補任をどのように受け止めたのだろうか。それをうかがわせるのが、次の大館晴光の書状である。晴光は永禄八年(一五六五)四月に死去するが、花押の形状から晩年に近い時期のものと考えられる。

いまや天下静謐となり、諸大名は将軍義輝さまに御礼を申し上げているところですが、大崎氏からは音沙汰がないようです。ぜひこの機会に御礼を申し上げることをお勧めします。もし私で役に立つことがあれば、必ずや努めますのでお命じ下さい。そのために書状をお届けします。詳しくは富松四郎左衛門尉から申し上げます。

（【史料15】年未詳十一月二日付け氏家太郎左衛門尉宛て大館晴光書状）

宛所は大崎氏の執事である氏家氏であるが、家格の高さから大崎氏へは披露状の形式をとるため、実際には大崎氏に宛てたものである。これによれば、大崎氏から幕府への通交はしばらく途絶えていた。前述のように、義輝が朽木谷に滞在している時は熱心に通交していたにもかかわらず、どうやら永禄元年の還京後に断絶してしまったらしい。その理由の一つとして、時期的に一致する伊達晴宗の奥州探題補任を推測することができるだろう。家職ともいえる探題職を伊達氏に認めた将軍義輝に対する、大崎氏のサボタージュが生じていたのである。

このように実力者優遇のために栄典や役職を授けることは、その裏で、地域社会における既成の秩序を揺さぶるものとなり、新たな軋轢《あつれき》を発生させる場合もあった。さきに大内家督問題をめぐって義輝が毛利氏をフォローしていたことを紹介したが、栄典や役職の授与には政治的効果だけでなくリスクや副作用をも伴うものであり、地域社会の現状を冷静に見極めていなければ進めにくいものでもあったのである。

伊達父子への和睦調停

奥州探題職の問題から話が広がってしまったが、ふたたび伊達晴宗に戻ろう。名義上とはいえ晴宗が探題職を獲得するために、幕府との通交を活性化させていたことはすでに見たとおりなのだが、その晴宗は永正《えいしょう》十六年（一五一九）の生まれで、天文二十四年（一五五五）三月に左京大夫の官途を得た時には、すでに三十七歳になっていた。天文二年（一五三三）に将軍義晴の偏諱を受けて晴宗と名乗りながら、天文二十三年（一五五四）に官途申請へ動き出すまで、二十年以上も無官のままであり、公的には「伊達次郎」と称されたのである。その間の事情を見てみよう。

晴宗は、天文十年（一五四一）頃には父稙宗とともに対外的な文書を出しており、すでに伊達氏家督後継者として周知されていたことが明らかである。ところが翌年、晴宗は父を幽閉した。稙宗が進めていた、晴宗の弟実元を越後守護上杉家に入嗣させる計画に反対したためとされる。まもなく稙宗は脱出し、晴宗に対抗して戦闘を開始したのである。父子敵対は伊達家を二分するだけでなく、周辺諸氏を巻き込んで軍事的支援を取り付けた稙宗と、おもに伊達家中を取りまとめた晴宗との勢力が拮抗したため、抗争は長期に及んだ（伊達氏天文の乱)。

泥沼化した内乱がいつ終わったのか、じつは明らかではない。のちの仙台藩伊達氏の家譜では、天文十八年に終息したことになっているが、あくまでもそれは藩による公式見解であって、史料の語るところとは矛盾を来している。たとえば天文十六年(一五四七)の一時和睦がある。当時南奥を聖護院門跡道増が廻国しており、近衛家出身の道増は将軍義輝の実の叔父にあたり、後述するように、将軍の依頼により諸国の大名紛争を調停して廻る役割をも担っていた。その道増の滞在中に、稙宗は伊達家中に対する支配権を一時的に回復した節があり、あわせて花押を近衛稙家の花押に似せた形に改めている。近衛稙家は道増の兄で、将軍義輝の伯父になる。こうした伊達稙宗の立場の変化の背後に、道増を位置づけ、彼による調停工作を想定することができるだろう。

伊達稙宗像(仙台市博物館蔵)

しかし稙宗・晴宗父子の争いは続き、天文十八年に和睦が成立し晴宗が伊達家当主となるも、天文二十年（一五五一）頃には紛争が再発する。するとこの時もまた、将軍義輝の命により道増が伊達父子の紛争調停のために下向してくる。

伊達稙宗・晴宗父子が合戦に及んだとの情報があり、問題である。急ぎ和睦するよう蘆名氏からも力を尽くすように。ついては聖護院門跡道増を下向させる。

（【史料16】〔天文二十年〕八月八日付け蘆名盛舜年寄宛て足利義輝御内書写）

朽木谷に逗留中の義輝からの御内書であり、将軍からの特使として道増が派遣されたのだった。だが戦争が激化したため道増は伊達領に入れず、蘆名氏のもとで滞在中の翌年三月に義輝入京の報に接すると、そのまま上洛している（『伊達』一九四）。

さらに弘治二年（一五五六）にも義輝から稙宗・晴宗父子に対し、争いを止め和睦せよとの御内書が出されている。このように稙宗と晴宗の対立は十五年以上もの間、断続的に続いており、このために晴宗は、幕府への通交が滞りがちになり官途の獲得も遅れたものと考えられよう。

ただ、稙宗との対立が激しくなるなかで、その都度、調停のため将軍が介入してきており、これが結果的に晴宗にとって幕府との距離を縮めることに繋がった。史料で確認できるものだけで将軍の介入は三回あり、そのうち二回は聖護院門跡道増が特使となっていた。義輝の地方政策を担うキーパーソンとなった道増について、その足跡を追うことにしたい。

奔走する山伏のボス

永正五年（一五〇八）、近衛尚通の子として生まれた直後に、道増は聖護院門跡に入ることとなった。聖護院門跡は修験道本山派《しゆげんどうほんざんは》の頂点に立ち、全国の本山派山伏《やまぶし》を束ねる存在であった。研鑽《けんさん》と山岳修行を積みながら、成長した道増はもっとも宗教的権威の高い山伏となったが、彼が聖護院門跡となった頃は各地の本山派組織が動揺している時期にあたり、その立て直しのために熱心に諸国を廻ることになる［新城一九九九、近藤祐介二〇一七ほか］。そのため各地には、道増が本山派の山伏や寺院に出した年行事職などの補任状がいくつも残されている。これらの文書はそこに道増がいたことを示す存在証明ともなり、道増の足跡が広い範囲に及んでいたことが分かるのである。

既述のように道増は、天文十六年（一五四七）、天文二十年（一五五一）の二度にわたり、伊達父子の和睦調停のため陸奥に下っている。道増が「聖護院門跡は以前から伊達家とは格別の関係である」と証言しているように（『伊達』二一一）、聖護院門跡は伊達氏と懇意な間柄で、将軍義輝の命を受けた特使となったのもこのためであった。さらには、本山派の関係者である坂東屋富松が使者となって幕府と伊達氏との間を往復しているのも、これと関係してこよう［小林一九八五・一九八九］。

二度の陸奥下向では道すがら、道増は並行して在地修験にも年行事職補任状などを出しており、こうした在地修験に助けられながら移動したものと考えられる。本山派組織の再建に奔走する聖護院門跡としての役割と、将軍義輝の叔父として大名間の抗争を調停する役割と、二つの役割を兼業しながら道増は諸国を活発に動き回った。

道増は伊達氏だけでなく、関東の北条《ほうじょう》氏と幕府の間の取り次ぎも行っている。天文二十三年六月、北条氏康《うじやす》は息子の氏政《うじまさ》を家督後継者として表明し、将軍の相伴衆に加えてもらえるよう幕府へ申請しているが、その時、両者の間を取り次いだのは道増であった。相伴衆はもともと、さまざまな儀礼の場面で室町幕府将軍に近侍する三管領家を中心とした最高の家格であったが、戦国期には名誉的なものに変わり、とくに大大名に与えられるようになる称号である［二木一九八五］。氏康が代替わりを見据えてこのような申請をしているということは、氏康もまた相伴衆に加えられていたのであろう。また同年二月には、氏康が公家の山科言継に源氏物語写本を求めているが、その使者となったのは道増の坊官《ぼうかん》である森坊《もりのぼう》であった（「言継」天文二十三年二月十日条）。この時期、道増は武蔵《むさし》に滞在していた可能性が高く（「篠場文書」）、北条氏の対京都外交を支援していたものと考えられる。

　このように、最高位の山伏と将軍の近親という二つの顔を持ち合わせた道増は、将軍と地方を結びつける役割を積極的に果たしていた。また地方の大名たちにとっては、中央との通交窓口となる有力なチャンネルとして、その働きを期待されたのである。

　その道増は永禄元年に義輝が帰京した後、さらに大きなミッションを与えられた。それが尼子氏と毛利氏の和睦調停である。それまで活躍していた東国から西国へと舞台を変え、まさに東奔西走、将軍義輝のために奔走するのである。

尼子氏・毛利氏の和睦調停

　道増による尼子氏・毛利氏の和睦調停については、宮本義己氏の研究に詳しい［宮本一九七四a・一九七四b］。これによると、道増が尼子氏の本拠出雲に下向するよう命じられたのが永禄二年（一五五九）十月、まもなく翌月には出雲から毛利氏の本拠である安芸に入っている。しかし毛利氏との交渉には時間を要し、一進一退を繰り返す石見での戦況もあって一向にまとまらず、最終的に永禄四年（一五六一）末に双方が合意し、道増は京都へ戻ることができた。

ただ、この和睦調停では当初から義輝が道増に「すぐに中国へ下向されるとのこと、苦労をかけます。詳しくはお伝えしたとおり、安芸の毛利氏に対して、道増には熟慮していただき、小早川隆景が動けるように仲介していただくのが重要です」(『小早川』二〇六)と言っており、道増の下向先は安芸に特定されていたようだ。おそらくそれは、この永禄二年が毛利氏と義輝との間の本格的な通交開始の時期にあたっていたためであろう。義輝の朽木谷動座中、毛利氏はおもに朝廷と通交していたが、永禄二年五月十三日には備中《びっちゅう》計略を朝廷に報告するとともに(「お湯殿」同日条)、幕府にも以後の忠節を願って、同日には尼子氏との和睦調停を提案されている(「長府毛利家文書」)。

道増は安芸に滞在しながら、新興勢力である毛利氏の内情を探り、幕府にどのようなニーズを持っているのかを適宜報告したのであろう。前に紹介した大内家督問題のなかで大友義鎮への不満に対して義輝が釈明しているのは、その一例である。それだけに毛利氏側では、道増を迎えるのは重いプレッシャーとなっていたようだ。毛利元就が息子の吉川元春《きっかわもとはる》に注意を促している書状のなかで、道増は「公方様叔父」でしかも全般にわたる「御異見者」なので、その接待に手抜かりのないよう厳命し、「御機嫌わるく」されたら死活問題になると懸念している(『小早川』二〇六)。社会秩序のなかで上位にある要人への対応が面倒で気疲れするのは、昔も今も変わらないのである。

とはいえ、要人の鶴の一声で和睦が成就できるほど、戦国の争乱は単純ではなかった。係争地となっている石見は毛利領国と尼子領国の境目《さかいめ》にあたり、そこの中小領主たちは情勢を見るのに敏感で、軍事行動を止めて和睦に傾けば一斉に毛利氏の配下から離脱する恐れがあった。現実問題として複雑に絡み合う彼ら相互の利害関係を調整し、説得していくには、物理的にも時間がかかるのである。

安芸下向から二年の歳月を費やして、しかも将軍義輝の命だけでなく正親町天皇の介入も働いて、道増は尼子氏・毛利氏の和睦調停をまとめ上げた〔浅野二〇一五〕。それにもかかわらず、彼が帰京するとすぐ永禄五年（一五六二）六月に和議は破れ再戦となり、毛利氏は石見を制圧した勢いに乗じて出雲攻略に着手した。まもなく九州でも筑前の高橋鑑種《あきたね》が毛利氏に連携して挙兵し、大友氏との間で大規模な対立が発生したのである。

毛利氏・大友氏の和睦調停

道増は休む暇もなく、あらためて毛利領に派遣されることとなった。義輝から吉川元春のもとに道増の派遣を伝えたのが、永禄六年（一五六三）正月になる（『吉川』四六四）。毛利氏の事情に通じ、調停の実績を持つ道増を下向させつつ、この時の和睦調停では、毛利氏と大友氏との関係修復にも重点が置かれていた。大友氏を加えた三者の和睦調停は、豊前・筑前をめぐる毛利氏との抗争が繰り広げられていた永禄四年から始められてはいたが、先送りされていたのである。道増の再下向と合わせて、大友氏には幕府から公家の久我晴通《こがはるみち》が派遣され、両者が連携して調停を進めた。近衛家から久我家に養子に入った晴通は道増とは実の兄弟であり、同じく義輝にとって叔父にあたる。しかも、晴通は永禄三年（一五六〇）に豊後下向の経験があることもあって［金子二〇一五］、この時の特使に選ばれたのであろう。

調停斡旋《あっせん》を義輝に依頼したのは毛利氏であった［宮本一九七四a］。九州と山陰という二方面で大規模な戦争を展開していた毛利氏にとって、出雲侵攻に力を注ぐための戦略なのである。一方の大友氏も、前年から幕府に働きかけを強めていた。永禄四年（一五六一）十月に関門海峡を望む門司《もじ》城の攻略に失敗した大友義鎮は、北部九州での戦線を十分に立て直すことができず、毛利氏との停戦に持ち込む方法を探っていた。永禄五年（一五六二）九月に、幕府は毛利隆元に長門守護職を与えているが、その前提として「大内家督問題についての毛利氏と大友氏との約諾を踏まえ、断絶した扱いになっている時期だけ守護職を預ける」（『毛利』三一八）として、幕府は大友氏側からも暗黙の了解があったことをうかがわせる。しかもその直後、義輝側近の大館晴光から大友義鎮に宛てて、次の書状が出されている。

豊前に大友氏が少々の軍勢を出されたことに関して、あるいは毛利氏側から勝手な自己主張が届けられていないかとのお問い合わせをいただきました。詳しく義輝さまにもお伺いしましたが、何も変わった報告は届いていないとのことです。また今後、おかしな報告があれば、大友氏にも問い合わせをするとのお返事でした。

（【史料17】〔永禄五年〕十月十日付け勝光寺光秀宛て大館晴光書状写）

豊前での軍事行動について幕府に報告をしつつ、ライバルの毛利氏からの一方的な主張を認めることのないよう釘を刺しているのである。この間、大友義鎮は家臣の田村宗切《たむらそうせつ》を上方《かみがた》に派遣して幕府と交渉させたとする指摘もあり〔荒木二〇一八〕、北部九州をめぐる毛利氏と大友氏との抗争は、じつは永禄五年のうちに大名間では内々に折り合いがついていたことになる。

このため道増下向後の調整はスムーズに進み、永禄六年五月には大筋で和睦が合意されている。だがここでも問題となったのは、戦場となった豊前・筑前の中小領主たちであった。毛利氏と大友氏との間で揺れ動き、複雑に絡んだ彼らの利害関係の糸を解きほぐすのは時間がかかったものの、翌年七月になって毛利氏・大友氏それぞれが起請文を交換し、和睦は成立したのである。

和睦調停の実態

以上、道増を核に、将軍義輝による大名間の和睦調停について見てきた。上位者の将軍が主導する仲裁というイメージとは裏腹に、進捗にはもどかしいほどに時間を要し、どうにも難しい調停であったことが分かる。幕府からの調停を、大名たちが事前にどこまで了解していたのか、その差異も大きかっただろうが、大名間で一定の合意が形成されていても、現場の中小領主たちの帰趨《きすう》や説得に時間がかかり難航しているケースも多い。それだけ当時の戦国大名が領国の周縁部に対する支配権を確立できていなかったのであり、一定の主体性を認められていた中小領主たちが反発すると、調停の大きな困難となったためである。

しかも調停の実態は、実際のところは徹底したものではなく、さまざまな限界を伴うものであった。道増の動きを見てみると、和睦調停の特使として派遣されていても、その完了までは見届けず、双方の話し合いに目途がついた時点で引き上げてしまう。同時期の将軍義輝による和睦調停では、永禄三年（一五六〇）に幕府から島津・伊東間の調停に派遣された伊勢貞運も同様で、紛争の現場まで足を運び錯綜した利害を調整するところまではするものの、起請文の交換や和睦後の現地確認といったチェックには関与しない。彼らは調停が任務なのであって、そこから先は当事者の問題であると認識していたということなのであろう。

では、委ねられた当事者は、どのように対立関係を解消し、抗争の再燃を防ごうとしたのか。それはすでにふれた起請文の交換のほか、実際には大名家の間での縁組《えんぐ》みに期待されるところが大きかった。いわゆる政略結婚であり、尼子氏・毛利氏の和睦調停では毛利元就の孫幸鶴丸《こうつるまる》（のちの輝元《てるもと》）と尼子氏の娘との間に、毛利氏・大友氏の和睦調停では幸鶴丸と大友義鎮の娘との間に、それぞれ道増からの提案とされる縁組みが計画されていた痕跡がある［宮本一九七四ａ］。また島津・伊東間の調停でも、幕府特使の伊勢貞運は「もし伊東氏が和睦を拒めば、それは将軍に対する「不忠」である。その場合は西国の諸大名に命じて討伐するしかない」と、建前として幕府の軍事指揮権を振りかざしながらも、「島津氏と伊東氏との間で縁組みの約束があるとの噂を聞いた。それならば私が媒介しよう」と、縁組みを働きかけている（「樺山安芸守善久筆記」『旧記』後一―一一五三）。和睦後の協力体制を継続させるものとして、私的な縁戚関係に期待を寄せているのだ。

将軍主導の和睦調停とはいえ、それは大名家の縁を結ぶ目途が立ったところで、派遣された特使の任務は終了する。その後は当事者の問題であって、大名や境目の領主たちの「自力」の世界に委ねられていることになろう。

大友宗麟のボヤキ

では、調停される大名の側は、これをどう受け止めていたのであろうか。永禄六年（一五六三）七月、すでに出家して宗麟と名乗っていた大友義鎮は、調停の現場で道増の接待役を勤めていた家臣の田村宗切に、次のような書状を送っている。

【史料18】〔永禄六年カ〕七月三日付け田村宗切宛て大友宗麟書状）

この和睦調停は将軍義輝さまもただの「一篇之和平」として、特使を派遣しているのだ。とても五百年も千年も道増さまが毛利家に肩入れするとも思えない。どんな手段であれ和平まで導いてこそ、道増さま・久我晴通さまの権勢の面目が立つのであって、成就しなければ、毛利・大友へ支援をしても無駄骨に終わることは承知のうえである。

ここには戦国を生きる大名の本音がある。幕府からの特使下向をせいぜい「一篇之和平」締結にすぎないと看破し、必死に調停をして回るのも彼らの面目のためとする。「一篇之和平」を締結しうる権威として、彼らを都合よく利用できるかが、大名の器量でもあったのだ。

もっとも、その点では毛利元就の方が一枚上手だったようだ。宗麟は別の書状で、元就をこう非難している。「武士は一度交わした約束は、何があっても守るのが当然である。けれども今まで道増さまが毛利家に肩入れして、大友は迷惑を蒙《こうむ》ってきた。元就の狐のようなたぶらかしを、宗麟は嫌というほど味わってきた。無念である」（「石水博物館所蔵文書」）。道増を上手く取り込みながら、毛利元就は有利に事を運んでいたようだ。その道増には、毛利家から多額の金品が提供されていたこともうかがえる。

大友―毛利の間では話し合いがついており、一両年中に（宗麟息女と輝元の）婚儀が執り行われれば、いま毛利氏が道増さまに差し出した知行も、用済みであるとして停止するのは火を見るよりも明らかである。それにもかかわらず、道増さまが一心に毛利家のため和睦調停をしているのは笑い草だ。考えるまでもなく、毛利は少しでも隙があれば他人の知行に侵略を仕掛ける欲深い人間なのに、縁遠い道増さまへ過分の知行を差し上げるなど論外で矛盾している。これは子供にもわかる真理であろう。五畿内と西国は全く事情が異なるというのに、おかしなものだ。

（【史料18】〔永禄六年カ〕七月三日付け田村宗切宛て大友宗麟書状）

毛利氏からは道増に、相当の知行を提供していたらしい。それらは永禄二年末から続いた道増の安芸滞在のなかで、その都度贈られたものであろう。宗麟からすれば、それは「一篇之和平」締結後は反故《ほご》にされる可能性が高く、露骨な賄賂《わいろ》に思えたらしい。畿内と西国は違うというくだりには、宗麟による地域の自立意識さえうかがわせる。現地の戦国大名ならではの皮膚感覚なのであろう。

だがそんな宗麟も、元就と同じように特使への進物攻勢とは無縁ではいられなかった。

この人たちは公家《クゲ》と呼ばれ、日本の諸国で大いに崇敬されている。諸国王の間に不和が生じると、公方様は調停のため彼らを使節として派遣するのであり、彼らはこれによって多額の金銭を得る。二年前、豊後の国主と山口の国主の和睦を調停するため豊後に赴いた一人は、協定の際、豊後国主が山口国主から奪った二ヵ国を取得しうるよう便宜を計ったことにより、（豊後国主は）三千クルザードもしくはそれ以上を（その公家に）与えた。

（【史料19】一五六五年二月二十日付けフロイス書簡）

一五六五年のフロイス書簡であるので、豊後の国主は大友宗麟、山口の国主は毛利元就、この二年前に公方様（義輝）が豊後へ調停のため派遣し、宗麟から「多額の金銭」を贈られた公家は久我晴通となる。特使となった道増や晴通の権勢にすがり利用するためには、宗麟から相応の出費が必要なのであった。つまり道増や晴通にとっても、特使としての下向は苦労を伴うものでありながら、収入を得られる出稼ぎの側面も持っていたのである。

幕府側のメリットと近衛一門

そうした個人的な利得だけでなく、特使が下向することで将軍と大名との関係性が強まり、幕府に対しても多額の支援を期待できた。豊後に下向した久我晴通は、義輝から宗麟への命令として、鷹などの進上のほか、「停戦して帰国したら、公方御殿を一つ馳走する」ように求めている（「大友家文書録」『大友』二一―一八三）。同じ時期に日向《ひゅうが》の伊東義祐《よしすけ》も「要害」の「馳走」をしており、その忠功に免じて翌年二月に相伴衆への追加を許されている（「伊東文書」）。かつて造営当初に宗麟が「殿料」三千貫を献上した義輝二条城は、第一章で見たとおり永禄五年冬から拡張工事を続けており、その原資には、大友氏や伊東氏などの遠国大名から提供された金品が使われたものと考えられよう。

こうした礼銭収入は経済的に困窮していた幕府にとって得難い収入であり、幕府が和睦調停を推進した大きな理由の一つであったと宮本義己氏は指摘する。さらに宮本氏は、「調停の成功によって何とか将軍の面目＝権威を維持・恢復《かいふく》しようとし、強いては入洛督促＝将軍擁護を引き出そうと図り、そのために能動的な政治意図を持って必死の努力を続け」た政治的目的もあったとする（［宮本一九七四ａ］一二三頁）。たしかに義輝側には将軍権威を保ち、そして高揚につなげようとする目的があった。だが、現実問題として、停戦後の処理を見届ける前に特使が帰京していることからも明らかなように、停戦後の大名の上洛まで実現できると義輝が考えていたかどうかは疑問が残る。

さしあたり大名たちの自立を認めつつ、将軍権威の維持と高揚を図る義輝にとっては、調停に介入することに第一義があったと考えられないだろうか。大名側からの依頼があったにせよ、介入することで大名と将軍との結びつきが強固になり、さらには経済的なメリットも生じうる。地方大名との現実的な関係性の再構築に、義輝は将軍権威を高めていく活路を見出していたのであろう。

ただ義輝の周囲で、特使として現地に派遣できる人材は限られていた。しかも調停に重みを持たせて成立に漕ぎつけるには、大名の側が迎えた時にステイタスとなるような貴種であることが望ましい。その条件を満たす人物として道増は適していた。各地の本山派山伏のボスである道増は遠方への移動に長じており、しかも宗教者であることで世俗の大名たちには、表向き中立的な立場で接することができた。その道増を主軸に、義輝の和睦調停は進められたのである。

その道増の調停を補佐するべく、豊後に派遣されたのが久我晴通である。これ以前に義輝と大友氏との間を仲介した大覚寺門跡義俊も合わせ、三人はともに近衛尚通の子であり、義輝の母方の伯父・叔父にあたる。尚通嫡男の稙家は近衛家当主となり、道増・義俊は大寺社の門跡となり、末子の晴通は久我家に入り、娘の慶寿院は足利将軍家に嫁いでいた。将軍義晴・義輝の時期は、近衛氏は単なる外戚に止まらず、一門のそれぞれが政治的な活動を展開しており、いわば「足利―近衛体制」だった。近衛稙家が前代からのつながりを生かして島津氏など南九州諸氏と通交したことは本章のはじめに触れたが、北陸の朝倉氏や上杉氏との間の通交は大覚寺義俊が担っていた。近衛家の関係者としては、幕府と奥羽との間を往復した坂東屋富松は本山派に関係する商人とされ［新城一九九九、小林一九八五］、同じように伊予河野氏との間を往復した梅仙軒《ばいせんけん》霊超《れいちょう》は稙家の母方の伯父であった［磯川二〇一四］。

　近衛一門とその関係者によっ

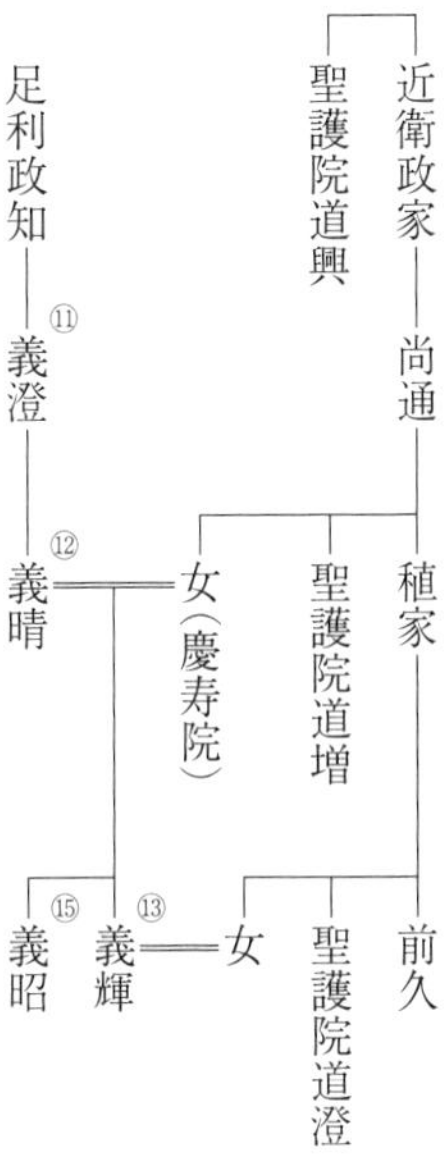

足利家・近衛家関係図
（丸数字は将軍の代数）

て、義輝期の幕府と地方は有機的に結びついていたのである。こうして開拓された各地とのネットワークは、地方が希求している都の学識や文化をも運んだ。医者の曲直瀬道三《まなせどうさん》は和睦調停を側面支援するために毛利氏のもとへ下り［宮本一九七七］、飛鳥井《あすかい》家は地方大名に売り出しやすい蹴鞠《けまり》のパッケージを作り販売促進に出向いたとされる［小川二〇一八］。新興の大名たちは、彼ら文化人にとっての上顧客でもあったのだ。

義輝外交の全体像

近衛一門の人脈を活用しながら進められた地方統治を踏まえると、義輝と通交していた大名は多岐にわたり、しかもその通交頻度も高かったものと想定される。しかし、これまでの研究史のなかで注目されてきたような、和睦調停や栄典授与といった個別のテーマのみを切り出しただけでは、それはバラバラの部分でしかない。全体像のなかでは点にすぎず、点であるがゆえに、一つひとつは散発的で脈絡のないものに見えてしまいがちである。義輝の大名政策を一貫性がない「定見なき外交」とする指摘［天野二〇一七］は、まさにそうした見方によって過小に評価したものであろう。

しかし、全国を視野に入れて義輝の地方統治をトータルなものとして考えていくと、先行研究が描いてきた畿内政治史には少なからぬ疑問が生じてくる。たとえば本章の冒頭に見た奥羽の諸氏との通交で、それを後援した中心人物は政所執事の伊勢貞孝であった。問題はその時期であり、奥羽諸氏や伊達晴宗と熱心に通交していた天文二十三年から永禄元年ごろにかけて、将軍義輝は三好長慶に京都を追われ朽木谷に動座していたのである。一方で伊勢貞孝は三好長慶に与したため、義輝からは「御敵」と認定されるほど関係が悪化したとされている［松村一九九九］。つまり義輝と貞孝は、京都支配という面では対立をしながら、その一方で、遠国政策では互いに協調していたことになるのだ。

お互いの利害を超えて、遠国政策では協調する伊勢貞孝の人格を象徴するような証言がある。永禄四年（一五六一）、キリスト教宣教師のガスパル・ヴィレラと対面すべきか逡巡していた義輝に対し、貞孝は義輝に次の意見を述べて対面を説得した。

殿下（義輝）はすでに二度も伴天連を御引見になったのでありますから、今もし殿が彼に会おうとなさらぬことが異国に聞こえますれば、あちらでは決して良い印象を与えますまい。

（【史料20】『フロイス』一―一二三頁）

貞孝がキリスト教に理解を示していたということもあろうが、注目したいのは、異国での評判を判断基準としている点である。これは、史料上には「外聞」として出てくるもので、義輝自身も道増に和睦調停に努力するよう励ますなかで「もし和議が不調に終われば、国内各地の覚や「外聞」に傷がつき、将軍の面目がつぶれるだろう。今この時と心して調停に当たってほしい」と述べている（『毛利』二三八）。後述するように「外聞」は織田信長もこだわりを持った言葉であり、「外聞」に傷がつくことは武家政権の長として避けなければならなかった。幕府を支える一人として、異国や遠国の「外聞」にまで気を配ることのできた貞孝は、京都支配をめぐる確執とは別の次元で行動することができ、義輝と協調することができたのではないだろうか。

その一方で、義輝を京都から駆逐した三好長慶には、こうした全国的な関心があったことを示す史料は見つかっていない。全国レベルで見ると、三好政権は驚くほど影が薄いのである。当時「天下」とも称された畿内地方を掌握したことを理由に、三好長慶を天下人と評価することもできなくはないが、こうした地方への関心の低さは、天下人として論じる際に大きな欠失となる。

「都と鄙」の足利の秩序

地方状勢にも積極的に視野を広げようとする義輝の姿勢を理解するうえで、重要なキーワードになるのが、〈都鄙《とひ》〉である。そのいくつかを史料に即して見てみよう。

まず毛利・尼子間の調停で義輝は「下向する道増に協力をして〈都鄙〉の馳走に励むのが重要である」とし（『吉川』六七）、和睦促進への支援を命じた河野氏には「遅々として交渉が進まないのは〈都鄙〉の外聞の上でも問題である」としている（「河野家文書」『広島』河野一）。これらの〈都鄙〉は「国内」のような一般的な意味にもとれるが、義輝の御内書における他の用法も見てみると、「〈都鄙〉が一つにまとまらないため、今も朽木谷に逗留中である」と説明していることから（『群馬』二〇六〇）、もう少し具体的に、将軍を頂点とした「足利の秩序（に包摂される社会）」といったニュアンスを込めた言葉として使われているのではないだろうか。

同じように義輝の代弁者となる聖護院道増も、宗像《むなかた》氏領に漂着した幕府関係者の貿易船を返還しないならば「都鄙の義絶」であると脅迫めいた危惧を示し（「宗像神社文書」『宗像』四六九―二）、門跡の後継者となる道澄《どうちょう》への置文《おきぶみ》の中で「都鄙の取扱」に細心の注意を払うように明記している（『毛利』一五六七）。こうした文脈で使われていることから、それは将軍を中心とする中央と各地方との関係性であり、〈都鄙〉の実現とは、すなわち「足利の秩序（に包摂される社会）」の再生産になる。義輝が〈都鄙〉を語るとき、全国統治の骨子としてこのような含意があったと考えられよう。

都（中央）と鄙（地方）の関係性が維持・再生産されることが、将軍としての自身の存在基盤であると、義輝は十分に認識していたのである。そのために、地域の自立性を認めつつ、大名との通交に積極的に取り組んでいった。大名たちのニーズを聞き出し、官途や栄典を授け、医者や連歌師といった専門職人の需要があれば送り出し、和睦調停が必要であれば特使を派遣する。義輝は、探題職の例に見られるように、既成の足利氏を中心とした武家社会の階層性の改変に柔軟な対応を示したため、幕府通交は鄙の大名たちにも歓迎されることとなった。もちろん地域により事情は異なるものの、全般的に地方との通交は活発だったといえるだろう。彼らからの金品や馬・鉄砲などの献上によって、義輝二条城は全国的な武家政権の拠点となったのである。

ただ、都の足元では、幕府の支配基盤が弱体化していたことは否めない。義晴期からの相次ぐ畿内の混乱、その後の三好長慶との数度に及ぶ対立の過程で、将軍を直接に支えるはずの幕府奉行人や奉公衆は分裂を繰り返し、相当に目減りしていた。義輝は奉公衆の欠員を尾張や美濃の武士を登用することで凌《しの》ごうとした痕跡があるが〔高梨二〇一六〕、永禄元年末に入京してからも伊勢貞孝の変があったように、幕臣たちが一枚岩で結束を保っていたわけではなかった。

そんな幕府の窮状を救ったのが近衛一門である。義輝は聖護院門跡道増をはじめとする近衛一門と関係者を駆使することで、地方各地への影響力を確保し、〈都鄙〉を再生産させることにつなげた。足利尊氏から続く室町幕府の歴史のなかでは相当に異質な状況であるが、戦国騒乱の畿内近国における支持基盤の縮小に対応し、地方との関係性の活性化によって自身の権威を高揚させ、秩序の再生産を図ったのであろう。

一見すると矛盾して思える足元の空洞化と、外部との通交の充実という現象は、このように密接にリンクしていたのである。

闘鶏を見る若公

遠方の大名たちとの通交を積極的に展開し、巧みに栄典授与や特使派遣を進めていた義輝は、彼らのニーズがどこにあるか、そして日々刻々と変化する戦国の争乱のなかで彼らがどのような状況に置かれているか、そうした情報を幅広く集め情勢を分析していたことだろう。詳しくは触れられなかったが、義輝の時期には、武田氏・上杉氏・北条氏の講和や徳川氏・今川氏の講和などにも介入した形跡がある。調停者は道増のような高貴な上位者が選ばれるものもあれば、もう少し身分的には下位の者が派遣されるケースもあり、調停にもさまざまなレベルがあったことが分かる。戦況や当事者との関係性に応じて、介入の度合いも異なっていたのである。

地方に視野を広げて大名たちの動向に注視する、そんな義輝の姿を彷彿とさせる絵画史料がある。上杉氏のもとに伝来した「洛中洛外図屏風」（上杉本）は、狩野永徳《かのうえいとく》の筆になると推定され、華麗な金雲をちりばめた中に三好義興邸の冠木門《かぶき》や松永久秀の邸もあることから、おおよそ義輝の時期の京都の姿を描いたものとされている。ではそこで、将軍義輝はどのように登場するのだろうか。

瀬田勝哉氏は「洛中洛外図屏風」（上杉本）を分析し、右隻《うせき》の「内裏様」、左隻の「公方様」が、京都という空間の秩序の要として描かれているとしたうえで、それらをまとめる主体として、公方を中心とした政治秩序を想定する〔瀬田一九九四〕。その公方とは時期的に義輝を措いてほかに考えられないのだが、しかし「洛中洛外図屏風」（上杉本）における「公方」御所は父義晴の今出川《いまでがわ》御所である。ところが、後に義輝二条城が営まれる斯波氏邸（「ぶえい」）に目を移してみると、その門前では武士たちが集まって闘鶏（鶏合わせ）が開催されていた。そこには「真正面から鶏合わせをきっと見据えている」若公《わかぎみ》が描かれており、その傍《そば》には赤い毛氈鞍覆を着けた二頭の馬が描かれていることからも、彼こそが、屏風における義輝本人であると瀬田氏は推定する。じつに見事で論理的な分析であるといえるだろう。

洛中洛外図屏風に描かれた武士たちの闘鶏（米沢市上杉博物館蔵）

闘鶏を見る若公が義輝であるとすれば、屏風には、同時代の鑑賞者だけが分かるさまざまな暗喩《あんゆ》が込められていただろう。それらを一つずつ読み解いていくのは今後の研究となるであろうが、闘鶏を見る姿は、本書で見てきた地方大名に関心を持つ義輝の姿と重なってくる。鶏（大名）たちの状態に気を配り、戦況に目を凝らして、一段高いところから中立的に観察をする。義輝が十代の頃はバランス感覚を誤り、尼子晴久《はるひさ》に八ヶ国もの守護職を与えて伊勢貞孝らから諫言《かんげん》される失態もあったが［木下昌規二〇一八］、試行錯誤しながら経験を積み、大名政策をコントロールする術を身につけていったのではないか。闘鶏を見ることで若公は、鶏たちへの観察眼を磨いていったのである。

義輝の暗殺

しかし義輝の晩年、足元では大きな変化が生じていた。永禄元年の還京は、畿内近郊の三好長慶を中心とした大名たちのパワーバランスが微妙な均衡を保っていたことにより可能となったものだが、その長慶が、永禄七年（一五六四）七月に死去したのである。その前年には細川晴元・氏綱《うじつな》も亡くなり、長慶嫡男として三好家の家督を継承するはずだった義興が二十二歳で病死している。長慶は甥の義継を急遽養子に迎えていたが、膨《ふく》れ上がった三好氏の勢力を束ねるのは難しく、また、畿内政局で重要な役割を演じていた人物が相次いで消え去ったことで、世代交代の波が事態を流動化させつつあった。

幕府側でも要人の死去が相次いだ。義輝の遠国政策で大きな役割を果たしていた伊勢貞孝は永禄五年（一五六二）に失脚し、まもなく松永久秀らの追撃を受けて戦死している。遠国大名との取次として活躍した上野信孝は永禄六年四月に、大館晴光は永禄八年四月に、それぞれ病死している。寿命による世代交代が進むとともに、義輝が頼みとしていた近衛一門にも微妙な隙間風が吹き始めており、近衛稙家の嫡男で近衛家当主となった晴嗣《はるつぐ》は弘治元年に前嗣《さきつぐ》と改名している。十五世紀半ばに足利義政の偏諱を受けた近衛政家《まさいえ》以来、代々にわたって将軍の偏諱を受けてきた近衛家当主が、将軍の名から離脱したのである［水野智之二〇一〇］。義輝の晩年には大覚寺門跡義俊も越前に拠点を移しており［高梨二〇〇七］、近衛一門の絆にもほころびが見えてきていた。

義輝二条城が大幅に拡張され、その防備力を高める造営普請が進められたのは、まさにこうした状況下であった。その普請が完成する直前、三好三人衆や松永久通《ひさみち》（久秀の息子）の襲撃を受け、義輝は落命したのである。「永禄の政変」と呼ばれるこの暗殺事件について、なぜ三好三人衆らが襲撃したのか、その動機や目的は史料がないため不明のままとなっているが、ただ三人衆らが直前に義輝への直訴を試みていることから、最近では偶発的な殺害であったとする見方が強まっている［木下昌規二〇一八］。

フロイスの証言によると三人衆らの軍勢は「一万二千人」、対する「公方様の側には約二百名がいるに過ぎず」、義輝二条城は「このような尋常ならざる謀反に備えていなかったので、敷地内の門はすべて開け放たれていた」というから、まさに「不意打ち」であった（『イエズス会』二―一六七）。襲撃を受けて、義輝は母慶寿院の制止を振り切り「家臣とともに出て戦い始めたが、腹に一槍と額に一矢、顔に二つの刀傷を受け、その場で果てた」。時をおかず慶寿院は自害し、火が放たれた義輝二条城は「くろつち（黒土）」と化した（「お湯殿」永禄八年五月十九日条）。

義輝殺害の目的はなお不明である。ただ、慶寿院という「足利―近衛体制」を象徴する女性までもが落命しており、三好三人衆らには近衛家と結びついた将軍に対する抵抗感があったということになろう。

将軍を失って、畿内政局はふたたび混沌を迎えることとなる。

第三章　理想の幕府を求めて

義輝暗殺と織田信長上洛の間

永禄八年(一五六五)五月に義輝が暗殺されると、奈良興福寺一乗院にあった弟覚慶《かくけい》(のちの義昭)も松永久秀らによって幽閉されたが、七月には奈良を脱出することに成功している。この先、三年以上も続く流浪の始まりである。

逃避行というと物悲しく幸薄いイメージがつきまとうが、流浪中の覚慶は将軍後継者であることを強く自覚し、精力的に活動していた様子が判明している。さらには朝倉義景《あさくらよしかげ》など反三好氏に同調する諸氏から将軍義輝の正統な後継者として支持されていたこともあり、奈良から近江甲賀《こうが》郡の和田《わだ》へ入ると、覚慶は自身の支援を広く求めていった。とくに覚慶を支持する大覚寺門跡義俊が中心となって、越後の上杉輝虎《てるとら》(謙信)をはじめとした地方の大名たちに御内書が頻繁に発給されていく。

そんな覚慶のもとには徐々に、細川藤孝や三淵藤英・一色藤長《いっしきふじなが》といった、義輝暗殺の難を逃れ三好氏に抵抗した将軍直臣たちが京から集結していた。そこで覚慶は十月二十八日付けで次の御内書を出している。

今回の京都での政変によって、自分は近江甲賀郡の和田に一時逃避している。近国の大名たちには覚慶支援のために軍勢を出すように命じ、みな承諾しているので、急ぎ上洛するつもりである。いまこの時に、そなたも忠功を示せば喜ばしく思う。

（【史料21】〔永禄八年〕十月二十八日付け相良義陽宛て足利義昭御内書）

細川藤孝像（天授庵蔵、東京大学史料編纂所所蔵模写）

同じ文面のものが九州の相良氏だけでなく、島津氏のもとにも残されている。おそらくはこの他にも伊東氏や大友氏など、九州の主要な大名たちに一斉に出されたものであろう。義輝の時期に相良氏との通交を担当していた細川藤孝が義昭のもとに馳せ参じたことで、義輝期のような地方大名との積極的な通交が、覚慶の危機と将軍就任への執念という課題のもとにふたたび展開されることになったのである。

　まもなく十一月に、覚慶は六角氏の影響力が強い近江の矢島に移り、翌年（一五六六）二月、ここで還俗《げんぞく》して義秋《よしあき》と改名した。内々に朝廷とも交渉し、四月二十一日には従五位下《じゆごいのげ》・左馬頭《さまのかみ》に任官している。左馬頭は足利氏の代々が将軍就任の前提としてきた官途であり、義秋はより公的な立場で、将軍後継者であることを主張しうるようになった。

この時点で義秋がもっとも頼りにしていた大名は、織田信長であった。永禄九年（一五六六）八月には、信長が義秋に供奉《ぐぶ》して上洛する軍事行動が計画されており、近江矢島までの信長勢の進軍ルートも綿密に準備されていた［村井二〇一四］。義輝暗殺から一年後、すぐそこまで義秋の上洛は近づいていたのである。

ところが、この上洛計画は途中で頓挫してしまい「幻」に終わった。頓挫した経緯を紹介する前に、もう少し計画の具体像を確認しておこう。

幻に終わった大計画

その際に手がかりとするのは義秋の花押である。花押全般については蕪木宏幸氏の研究を嚆矢として、その後も精緻化が進められている［蕪木二〇〇三、水野嶺二〇一三］。ただ、花押を考える際にハードルとなるのが、花押が据えられている文書が無年号の御内書ばかりである点である。そもそも御内書の年次比定が厄介で、花押の時期編年を確立するのも非常に難しい。奈良脱出後から、こまめに花押は変えられているのだが、年次比定が災いして、先行研究では二種類の花押が「併用」されるというような、やや無理のある想定をしてしまっている。ただ一般論として、花押をこまめに変える人物は自身の花押の使用に一種のこだわりを持っている場合が多く、そうした人間が異なる花押を併用する事態は考えにくい。内容だけでなく花押の相違も含めた総合的な観点から、あらためて個々の御内書の年次を特定していく必要があるだろう。

義秋の花押は奈良脱出後、覚慶様Ⅱ型、武家様Ⅰ型、武家様Ⅱ型へと変遷したとされる［蕪木二〇〇三］。だが、武家様Ⅰ型が使われた次の御内書を読んでみよう。

今回の退座に際しては、一色藤長が細川藤孝と相談して奔走したので、無事に済ませることができた。すべては「当家再興」に向けた忠節として比類のないもので、以後ますます怠けることなく忠功を尽くせば神妙である。上洛の末は恩賞を宛がうものである。

（【史料22】四月二十四日付け一色藤長宛て足利義秋御内書「一色家古文書」）

この御内書を、蕪木氏は義秋が永禄九年に矢島で出したものとして武家様Ⅰ型花押の初見に位置づけている。だが、文中には矢島を示す地名はないので断定できず、翌年の永禄十年

覚慶様Ⅰ型
（『上杉』506）
～永禄８年８月

覚慶様Ⅱ型
（「相良文書」影写本）
永禄８年10月～永禄９年４月

武家様Ⅱ型
（「上杉文書」影写本）
永禄９年４月（21日御判始）
～永禄９年７月

武家様Ⅰ型
（「東京大学史料編纂所所蔵文書」）
永禄９年閏８月～永禄12年６月

足利義昭の花押変遷1

に越前で出したものとしても不自然ではない。武家様Ⅰ型は永禄十年・十一年に多く使われた花押であることから、この御内書も永禄十年とする方が整合的である。

同じように御内書の内容と花押の使用状況を再検討してみると、じつは武家様Ⅰ型よりも武家様Ⅱ型が先行していることが明らかとなった。義秋は、四月二十一日に従五位下・左馬頭となると同時に御《ご》判始《はんはじめ》の儀式も行っている（「言継」同日条）。御判始は室町幕府の将軍が新たに将軍などに就任した際に初めて文書に花押を据える儀式であり、おそらくはこのタイミングで武家様Ⅱ型を使い始めたのであろう。

この武家様Ⅱ型花押が使われた七月一日付けの一連の文書が、上杉氏に宛てて出されている。従来は永禄十年のものと比定されることが多かったが、義秋の花押や内容から永禄九年のものとしてよい。その御内書に関連する一通を紹介しよう。

上洛への軍事作戦を諸氏に命じる御内書が、再度出されました。隣国の諸氏に軍勢を催促したところ、とくに美濃斎藤氏、尾張織田氏、三河《みかわ》徳川氏らが出勢すると回答しましたので伝達します。けれども輝虎が京都まで来なければ天下静謐とはならないでしょうから、万端のご準備が重要です。また相模北条氏との和与についても、御内書を出されました。今もって進捗が見られないので、追って義秋さまから指示が出されるでしょう。どちらも尽力されることが、御忠節に繋がります。

（【史料23】〔永禄九年〕七月一日付け直江政綱宛て飯河信堅書状）

ここから、永禄九年八月の上洛計画が、信長だけでなく斎藤氏や徳川氏などとの連合軍によるものだったことが分かる。同内容の記事が奈良の多聞院日記にもあり、そちらでは「勢州（北畠氏）」も含まれていた（「多聞院」永禄九年八月二十四日条）。この時、上杉輝虎に期待されたのは「兵粮」提供であったが、追って上洛するよう命じられている。

義秋の上洛作戦とは、近距離の信長らの連合軍を編成して京に上り、遠国の諸氏からは経済的な支援をさせ、中間地域にある上杉氏からは軍需物資である「兵粮」を供出させるという、同心円状に動員をかけていた大がかりな計画だったのである。

求められた先例

上洛の大計画は、しかしながら未遂に終わった。一時的に停戦していたはずの織田—斎藤間の関係が悪化し、信長は動くに動けなかったのである。しかも義秋を庇護していたはずの六角氏が三好氏に通じてしまい、やむなく義秋は矢島を離れ、若狭に向かう。そもそも義秋がこのような上洛作戦を立てたのも、永禄八年冬には早くも三好三人衆らと松永久秀との協調関係が崩壊した機に乗ろうとしたためであるが、畿内の流動的な政情のなかで、義秋を擁する諸氏たちだけが結束を保てたわけではないのである。現実を前に自己の保身を探りながら、それぞれの合従連衡が続いていた。

若狭に移ってから間もなく、義秋は花押を武家様I型に改め、さらに年内には朝倉義景を頼って越前敦賀《つるが》に向かった。冬の雪国で意気消沈しているかと思いきや、年が明けて永禄十年（一五六七）となると、諦めることなく上杉輝虎には熱心に出陣を促し、毛利氏などにも御内書を送っている。上洛を目指しながら、しかしすぐには実現しそうもないなかで、ひたすら好機の到来を待っていたのであろう。

この時、義秋の直臣たちは越前で興味深い行動をしている。細川藤孝をはじめとする旧幕臣たちが、室町幕府の故実書《こじつしょ》を熱心に書写しているのだ［末柄二〇一〇］。武家儀礼に関する「故実条々記」を細川藤孝が書写したのは永禄九年十一月であったし、義輝の元服時の儀礼全般を詳述した「光源院殿御元服記《こうげんいんどのごげんぷくき》」は、義昭側近の一色藤長によって写されている。なかなか京都に入れない現状を前に、義秋に供奉して上洛する日を待ちわびながら、幕府の故実を集積し摂取に励んだのである。

もっとも彼らには、より直接的な動機があった。義秋の元服が目前に迫っていたのである。還俗をしたものの、髻《まげ》を結《ゆ》えるまで髪が伸びるのを待ってから元服の儀式は執り行われなければならない。義秋のように僧侶出身の将軍の先例となる足利義教《よしのり》（六代将軍）も、応永《おうえい》三十五年（一四二八）正月に将軍継嗣と決まってから、三月に還俗し、さらに元服するまで一年を要している。この待ち時間を利用して、義秋の元服の儀式を、しかるべき幕府儀礼に則《のっと》って粛々と進めるために幕府関連の故実書が集積された。その間に上洛できれば室町幕府の先例どおり京都で元服できるが、越前に滞在したままでの元服となると、近江坂本で元服した義輝の先例である「光源院殿御元服記」は重要なマニュアルとなる。上洛と元服の可能性を探りながら、義秋とその家臣たちは越前で慌ただしい日々を送っていたことだろう。

しかし、ようやく元服式が執り行われたのは、永禄十一年四月十五日のことだった。場所は京都ではなく、朝倉義景の本拠である越前一乗谷《いちじょうだに》。会場となった義景の館には京都から前《さきの》関白二条晴良《はるよし》が招かれている。元服を機に「義秋」から「義昭」へと改名し、これでまた一つ、義昭は将軍候補者としての資格を一つ備えた。義昭に付き従っている家臣たちは室町幕府の故実を集め、得られた知識をもとに、来たるべき幕府復活の日に向けて準備を整えていたのである。

義輝の遺産、義昭の政権構想

越前に滞在している間の義昭と大名たちとの関係を示す史料として、一つ興味深いものがある。「光源院殿御代当参衆《こうげんいんどのおんだいとざんしゅう》幷足軽以下衆覚《ならびにあしがるいげのしゅうおぼえ》」というもので、別名を「永禄六年諸役人《しょやくにん》附《づけ》」ともいう。手に取りやすい群書類従《ぐんしょるいじゅう》では別名で収められているので、こちらの方が知名度は高く、おそらくは戦国時代の史料のなかでもっとも著名なものの一つと言っていいかもしれない。内容は義輝・義昭の時期の室町幕府の構成員を列記したもので、幕府史料のなかでは番帳《ばんちょう》というジャンルに分類されるが、この史料が有名になった理由は、番帳としては例外的に、末尾に外様衆《とざま》として五十三名、関東衆として二十五名の、全国各地の戦国大名などの当主を記している点にある。ただこのうち、関東衆二十五名については他の同時代の史料と記載名が合わないことから、江戸時代になって追記された部分と考えられる。これに対し、外様衆五十三名については他の史料との整合性が高く、永禄十年ごろに、義昭の周辺で作成されたものとして問題ない。義昭がどのように大名たちとの関係を結ぼうとしていたのかを教えてくれる、じつに貴重な史料なのである。

では、この五十三名のうち所在が明らかな五十二名を地図に落としてみよう。北は奥羽の伊達輝宗・蘆名盛氏《もりうじ》から南は九州の島津貴久父子や種子島時尭まで、ほぼ全国の諸大名が登場している。このような地図に、どこかで見覚えがないだろうか。高校の日本史教科書や副教材でよく使われる「全国の戦国大名」などと題した地図にそっくりで、おそらくは教材作成時の基礎史料に、この「光源院殿御代当参衆幷足軽以下衆覚」が使われたのであろう。

登場する大名には、島津氏や北条氏など親子で記されたものがある。これは当時、それぞれの家で家督移行の途中であったためで、当主権が分有されている状況を忠実に記しているのである。大名家の状態を正確に把握していなければ、こうした書き方はできないはずで、義昭の周辺で大名たちに関する情報も集積されていたことを示していよう。

では義昭は、どのような目的でこの史料を作成したのであろうか。長節子氏の研究によれば、「光源院殿御代当参衆幷足軽以下衆覚」は前半と後半に分けられ、それぞれに成立時期が異なる〔長一九六二〕。前半は足利義輝に仕えた、以下の幕臣などをカテゴリー別に列記し

「光厳院殿御代当参衆幷足軽以下衆覚」に記載された外様衆

たリストで、永禄六年（一五六三）ごろの成立となる。

〈前半〉御伴衆、御部屋衆、申次、外様詰衆以下、御小袖御番衆、奉行衆、同朋衆、御末之男、足軽衆

つづく後半は、越前滞在中の義昭に従っていた家臣のリストで、成立は前述のように永禄十年ごろとなる。

〈後半〉御伴衆、御部屋衆、申次、詰衆番衆、奉行衆、同朋衆、足軽衆、奈良御伴衆、御小者、諸大名御相伴衆以下、御末之男、御倉、外様衆

後半は外様衆が加わっている点で、極めて独特である。幕府の番帳のなかで、このように地域権力としての大名を加えたものはない。外様衆のなかの序列は、細川・山名といった旧来の幕府重鎮の系譜を引く人名が冒頭に記されており、室町幕府の武家秩序が反映されてはいるものの、そこに新興勢力である戦国大名が入っていることは大きな意味を持つ。つまり義昭は、彼ら戦国大名を新たに幕府のもとに編成し、将軍として自らが従える現実的な政権構想を持っていたと考えられるのである。

しかも「光源院殿御代当参衆幷足軽以下衆覚」からは、義輝期の番帳につなげて義昭の番帳が作成されたことが分かる。将軍職の正統な後継者として、義輝の幕臣たちを継承し、そして全国の諸大名を編成していく。それが、越前で義昭と周辺によって構想された全国政権の骨格であり、あるべき幕府の理想像であったのである。

義昭と義栄――二股をかける朝廷

越前での義昭が臥薪嘗胆《がしんしょうたん》の思いで室町幕府の故実を集積し、諸大名を編成する構想を練っていたのには、理由があった。畿内で三好三人衆たちが足利義栄《よしひで》を擁立し、将軍に据えるべく画策を始めていたのである。

義栄は十代将軍義稙《よしたね》の孫にあたる。細川高国と不和になり阿波《あわ》へと落ち延びていった義稙は、養子に迎えた義冬《よしふゆ》（義維《よしつな》とも。十二代将軍足利義晴の兄弟）を後継とした。義冬は細川晴《はる》元《もと》・三好元長《もとなが》らに擁立され、大永七年（一五二七）には将軍義晴を京都から追い、以後五年間は堺に拠点を置いて堺公方府《さかいくぼう》と呼ばれる幕府に似た組織を編成したこともあった。まもなく阿波に逃れた義冬は「阿波公方」とも呼ばれ、京都の将軍義晴の系統に準じる貴種として扱われていたのであり、これを応仁《おうにん》の乱以降の将軍家の分裂の流れに位置づけて「二つの将軍家」と理解する研究者もあるほどだ。つまり義昭にとって義冬は、父義晴を苦しめた敵対者なのである。

その義冬の子が義栄である。永禄八年（一五六五）五月の義輝暗殺事件でも、当初から三好三人衆らが「阿波公方」を将軍に就けるとの見立てが流布していたように、義冬・義栄父子の存在は、たしかに義昭のライバルとなりうる将軍候補であったのである。

こうして次期将軍の有資格者として二派が勢力を争う展開となったわけだが、これに困惑したのが京都の朝廷である。どちらの勢力も京都支配を貫徹できない状況であるにもかかわらず、京都を離れることができない朝廷が、どちらか一方にだけ肩入れしてしまっては大きなリスクを背負うことになる。そこで取られた方策は、義昭・義栄の双方にいい顔を見せながら日和見を続け、勢力争いの帰趨に任せ、柔軟に対応するというものであった。

それは、義昭と義栄の官位昇進の様子に如実に表われている。義昭が永禄九年（一五六六）四月に従五位下・左馬頭となりながら八月の上洛計画に失敗すると、朝廷は同年十二月に義栄を従五位下・左馬頭とする内諾を出した。しかし、その間に義栄は摂津富田《とんだ》に滞在したまま上洛に踏み切れず、一方の義昭も越前から動けない睨《にら》み合いが続くが、義栄側の調停工作が奏功し、ついに永禄十一年（一五六八）二月に将軍職に補任されたのであった。

朝廷としては、京都支配を安定させてくれる武家勢力なら、どちらが将軍になっても正直なところは構わないのである。しかし、たびたび上洛を試みながら実現できない義昭にとっては忸怩《じくじ》たるものがあったはずだ。一乗谷で義昭の元服式が執り行われた永禄十一年四月、三日三晩続いたという祝言は晴れの場でありながら、同時に、将軍義栄に対する焦りと危機感にも満ちていたであろう。一向に上洛できない状況のなかで、家臣たちは来るべき義昭の幕府をどのような組織とするか、それぞれに辛抱と研鑽の日を過ごしていたのではないだろうか。

義昭と信長の「天下布武」

前述のとおり、義昭が近江滞在中から頼みにしていた大名は、織田信長であった。信長は永禄十年（一五六七）八月に美濃斎藤氏を稲葉山《いなばやま》城から追い、ここを岐阜《ぎふ》と改めた。美濃を平定した信長は、義昭を迎え上洛する体制を整えるため、大和の松永久秀と連携を進め、近江では甲賀郡の中小武士たちと結び、美濃の東部で領国を接することになった武田信玄とも同盟関係を築いていく［池上二〇一二］。永禄十年の後半に展開されたこれらの外交政策と同時に、信長が使い始めたのが「天下布武」の朱印《しゆいん》である。ここでいう天下は、当時の一般的な用例に従えば、朝廷・幕府のある中央の政治空間としての畿内を指すものである。将軍でさえ暗殺されてしまうほどに畿内の政情が安定せず、しかもそれから三年以上も三好三人衆らの離合集散による混迷が続いている。こうした状況下での「天下に武を布く」とは柴裕之氏が指摘するように、義昭の「天下再興」作戦とリンクさせ、まず中央の政治空間に武力による多数派を作り上げ、武家政治を立て直すことを意味したことになる［柴二〇一七］。

しかもこの時点で信長は、武家の頂点である室町幕府の足利将軍家を否定しておらず、むしろそれを遵守したものとなっていることには注意すべきであろう。足利氏による政治と信長とが結びついている限り、武家政権としての室町幕府は存続しうる。「天下布武」という概念は、この意味において室町幕府と同居しうるものであり、決して対立項ではないのである。「天下布武」という朱印を使用したところで、周囲からそれほどの反発もなく、信長がその後も使い続けることができたのも、このような理由によるものであろう。

義昭の「天下再興」作戦のもとで信長の「天下布武」を実行するのだとすれば、信長が美濃平定と同時に稲葉山城を岐阜城と改称したエピソードも割り引いて考える必要がある。ふつう岐阜の由来は、古代中国の周《しゅう》の文王《ぶんおう》が岐山《きざん》から立って天下統一を成し遂げた故事にちなんだものと説明されることが多いが、もともと美濃守護の土岐《とき》氏の居城でもあった稲葉山城は、土岐氏への尊敬の意を込めた美称として「岐陽」「岐山」とも呼ばれていた。土岐氏を追った斎藤氏に代わって稲葉山城を手に入れた信長は、土岐氏由来のクラシカルな呼称を復活しただけともとれるのである。「天下布武」と岐阜改称はセットになって〈天下人〉信長の創業神話とされてきたが、あらためて当時の政治情勢のなかで慎重に位置づけるべき課題であるといえるだろう。

天皇・朝廷と「天下布武」

ただ、「天下」という言葉の上位者には、天皇とその組織機構である朝廷も含まれていた。天皇にとっても「天下布武」は、京都と諸国の支配安定を実現しうるものとして歓迎すべきキャッチコピーなのであった。支配の安定をもたらす実力者は、天皇・朝廷の経済的・社会的基盤を整えてくれる得難い存在なのである。事実、信長が美濃を平定した直後に正親町天皇は勅使を送り、「武勇の長上、天道の感応、古今無双の名将」と褒めたたえているが、それと合わせて、誠仁《さねひと》親王の元服諸費用や美濃・尾張国内の天皇家に関わる所領からの貢納回復を命じている。天皇・朝廷にとって新たに領国を広げた「名将」の登場は、失われた権益を再生しうる絶好の機会でもあったわけだ。

そして実際に、永禄十一年（一五六八）九月に信長が義昭を奉じて上洛した時にも、同じ現象が発生している。信長上洛直後の京都では、軍勢の進む速さに驚いた人々が逃げ出すなどといった混乱も見られたが、まもなくそれは一変する。摂津の抵抗勢力を駆逐して京都に凱旋し、義昭の将軍就任から間もない時期に朝廷周辺の人間によって記された「足利義昭入洛記」によると、「天下早速静謐、偏に信長武功名誉先代未聞なりと、洛中貴賤感ぜずということなし」と、信長の武力を手放しで絶賛している［木下聡二〇一五］。天皇以下、京都の住民たちが待ちわびた支配の安定と秩序の維持が、ようやく信長の手で実現したのである。安定がもたらされたことで、新将軍義昭の率いる室町幕府は京都の統治者となった。

上洛直後から義昭が諸国の大名らに対し、金品の上納を命じている様子は第一章で触れたとおりだが、持ち込まれたのは金品だけではなかった。支配者が変わったことで、京都のさまざまな人々から所領安堵《あんど》の申請や係争案件の裁判などが持ち込まれたのである。優先されるのは当知行（現在の知行）安堵だが、長期にわたり不安定だった畿内の政情が災いして、知行関係は錯綜していた。新将軍の率いる幕府が、所領安堵をはじめとする各種の権利保護のための文書を立て続けに出していることが指摘されているが〔久野二〇〇〇〕、持ち込まれた膨大な案件を前にして、幕臣たちが文字どおり忙殺されたことは想像に難くない。

一方で信長は、このような行政実務に関与することは少なかった。当知行安堵の場合、義昭の下知《げち》を受けた幕府奉行人奉書によって安堵が認められると、信長もそれを追認する文書を信長名義で出している。ただこれはむしろ、安堵の確実性を高めるために軍事的な実力者である信長名義の文書も必要とした受給者側の要請に応じたものであり、安堵や係争の処理については、基本的に幕府にゆだねられていたのである。

あるべき姿への回帰

義昭の将軍就任によって本格的にスタートを切ったものの、戦国の混乱に揉まれた幕府そのものが根深い問題を抱えていた。組織の形骸化や構成員の流出による空洞化が進み、その抜本的な対策が必要となっていたのである。とくに長引く畿内の争乱によって分裂を繰り返してきた幕府は規模を縮小させており、その不備を補うために、将軍の動座先で新規に主従関係に組みこんだものも少なくなかった。新参者《しんざんもの》たちに、幕府としての、あるべき規律を定める必要があったのである。

そこで出されたのが殿中御掟《でんちゅうおんおきて》である。これは永禄十二年（一五六九）正月十四日付けの九ヶ条と、翌々日の十六日に出された追加七ヶ条からなる。どちらも差出人は信長であるが、正月十四日付けには「御袖判《おそではん》」の文字があり、義昭が花押を据えて承認をしたものである。内容は合計十六条の殿中（義昭の御所内、すなわち室町幕府）に関する規範であるが、研究史のなかでは義昭を信長の傀儡《かいらい》将軍とする渡辺世祐氏が「義昭の手足を拘束し」活動を制約するものと位置づけて以降、信長と義昭の対立を示す重要史料とされてきた。

しかしその後、殿中御掟の条文それ自体は、それ以前に室町幕府が出していた幕府法と一致する部分が多く、あるべき幕府の再興に向け、義昭と信長による相互の約諾とする見解が臼井進氏によって提示されている［臼井一九九五］。臼井氏の説は、先入観を排し、各条文と過去の幕府法・判例との比較から導かれた卓見であるにもかかわらず、以後の研究では、この時期に殿中御掟が出された政治的意義まで考えたものが見られないため、ここでやや詳しく見ておきたい。

正月十四日付けの前半では、殿中に伺候《しこう》する人々について、連日恒常的に出仕《しゆつし》を義務づけられた御部屋衆などと、「御用次第」すなわち随時の奉公のみとされた御供衆などの間に線を引き、また、将軍に近侍しうる範囲を明文化したものである。いずれも先例をもとにしたもので、不特定多数が将軍に接近できる現状をあらため、幕臣内部での序列を明確にするものとなる。

後半は訴訟と裁判処理に関するもので、正規の手続きを踏まえない将軍への内奏を禁じ、審議を行う式日を先例どおりとし、担当申次《もうしつぎ》以外の取次《とりつぎ》を禁止するといった条文が並ぶ。なかでも判決を下す際に、奉行衆の「意見」の尊重が明記されている点は興味深い。将軍の御前で処理する案件の御前沙汰の場合、たとえば十二代将軍義晴は、実務を担う側近集団として奉行衆や奉公衆からなる内談衆を組織し、審理の過程で彼らから「意見」を求めていた［山田二〇〇〇］。司法に通じた専門集団から提出された「意見」が将軍の鶴の一声で覆ることのないよう、念を押しているのだ。このように殿中御掟は、幕府内部の序列化を図り、また司法関係者を系統化して複数の「上意」が出ないようにすることで、公的な裁判機構としての室町幕府の復活を目指したものであった。

では、殿中御掟が出されることで、その果実を誰が享受できるのであろうか。義昭期においても、御前沙汰を執り行う将軍側近集団が形成されていたことが木下昌規氏によって報告されているが〔木下昌規二〇一七〕、殿中御掟で整備される幕府内部の序列は、こうした側近集団が司法業務を推進する前提条件となる。たしかに殿中御掟は信長の名義で出されてはいるものの、信長がこのような幕府の司法業務にまで精通していたとは考えにくい。しかも、義昭の将軍就任後すぐに岐阜へ帰り、永禄十二年正月十日に再上洛した直後の十四日に殿中御掟が出されている。この間、信長が幕府の先例や司法体制について学んでいた痕跡もないことから、殿中御掟の基本スキームは奉行人らによって練られたものとするのが自然ではないだろうか。

排除の論理とその衝撃

つづけて付け足された正月十六日付けの追加七ヶ条からは、当時の幕府の状況が浮かび上がる。当知行している寺社本所領を押領してはならない（一条）、請取沙汰《うけとり》（第三者を当事者に仕立てて有利な判決を得ること）をしてはならない（二条）、喧嘩口論をしてはならない（三条）、理不尽な催促をしてはならない（四条）、将軍への直訴《じきそ》をしてはならない（五条）と、禁止条項が続く。その裏を返せば、寺社本所領を押領し、請取沙汰に手を染め、喧嘩ばかりで理不尽な催促をし、将軍とのコネを駆使する人々が義昭の周囲に存在したのである。とくに、勝ち馬に乗じて新規参入した人間は、戦場では力を発揮するものの、当然ながら幕府の先例には疎《うと》い。彼らに幕臣としての振る舞いを学習させていくのも急務であった。

残りのうち、六条では訴訟に際しては必ず奉行人を通すこととし、七条では当知行の安堵に際しては申請者からの請文《うけぶみ》提出を義務づけている。とくに七条は、臼井進氏の指摘するように十五世紀の室町幕府法に見える規定を踏襲したものであり、幕府による当知行安堵の基本となっていた方法であった［臼井一九九五］。幕府の裁判に携わる奉行人らの立場を明確にし、従来の幕府法に依拠して安堵を実行することで、あるべき幕府の再興としたのである。

以上のように、殿中御掟は先例に依拠しつつ、幕府の秩序を定めた復古的な条文が並ぶのだが、そのなかに衝撃的な一文がある。正月十四日付けの最終条である九条に、次のようにある。

（【史料24】室町幕府殿中御掟案）

大寺社の門跡やその坊官、比叡山延暦寺の上級僧侶、医者・陰陽師などは、むやみに将軍のもとに出仕してはならない。ただし御足軽衆や猿楽師は別とする。

これも、将軍に近侍する人々を制限し、複数の上意が発生することを防ぐ点では、殿中御掟の全体の流れのなかでは矛盾しない。しかしながら第二章で見たように、義昭の兄義輝は、聖護院門跡道増や大覚寺門跡義俊といった自らの血縁に連なる門跡を効率的に使って、将軍と大名たちとの外交を進めていたのであり、各門跡の配下にいる坊官たちが使者往復をはじめとする実務を担っていた。また義輝は、医者である曲直瀬道三を毛利氏のもとに派遣し、大友氏との和睦調停に参画させている［宮本一九七七］。門跡・坊官や医者は本来の幕府構成員ではないにもかかわらず、義輝の政治においては将軍の手足となって中央と地方とを結びつけていたのである。

そうした人々を幕府から排除することを、殿中御掟は明記しているのである。彼らが将軍のもとに頻繁に伺候するのは、幕府にとって正常な状態とはいえなかった。あるべき姿を目指した義昭の幕府は、彼らに依拠していた義輝の政治スタイルとは一線を画そうとするものだ。その実務を担った奉行人たちにとっては、幕府を本来の姿に戻すことが先決なのであり、秩序を無視した義輝の政治スタイルは、過去の克服すべき例外として排されてしまうのであった。

「五ヶ条の条書」を読み直す①

殿中御掟と同じ流れに位置づけられるものが、永禄十三年（一五七〇）正月二十三日に出された「五ヶ条の条書」と呼ばれるものである。こちらは原本が残されており、差出《さしだし》に信長の「天下布武」朱印、袖に義昭の黒印《こくいん》がそれぞれ捺され、殿中御掟と同じく義昭・信長双方の合意によって作成されたことが分かる。さらにこの「五ヶ条の条書」には宛所がある。宛所の二名のうち、明智光秀は義昭の幕臣でありながら信長にも出仕し、もう一人の日乗《にちじょう》は僧侶でありながら朝廷と信長・幕府との間で調整役となって活躍していた。その内容は、義昭と信長との間で、今後の政務のあり方について交わした条書となる。ただ、義昭と信長の関係を対立的なものとする渡辺世祐氏の研究以来、ともすれば信長からの義昭に対する制約として理解されることが多い［渡辺一九四六］。あらためて条文ごとにその内容を検討していく必要がある。

その前に、条書作成に至る政治過程の流れを見ておこう。カギになるのは永禄十二年十月に上洛したばかりの信長が「上意とせりあいて」急遽帰国した事件である（「多聞院」永禄十二年十月十九日条）。これは信長と義昭の対立とされ、直前に起こった信長の伊勢攻めとの関連が指摘されている［谷口克広二〇一四ほか］。この年の八月から伊勢南部の北畠氏攻略に着手した信長だったが、戦況は必ずしも信長有利には進まず、交渉によって北畠氏は大河内《おかわち》城を明け渡し、信長の次男を北畠具房《ともふさ》の養子に迎える条件で折り合いがついた。九月中旬に細川藤孝が義昭の使者となって伊勢に下向しており（『宝翰類聚《ほうかんるいじゅ》』所収文書）、朝廷からも介入があったとされるから（『朝倉記』）、上意による和睦調停が進められた結果といえるだろう。

どのような問題で、そしてどの程度の「上意とせりあい」に及んだのかは判然としない。ただ、岐阜に帰った信長と京都の義昭との間で、関係修復の意味も込めた交渉があったことは確かである。そして交渉時には、後述する翌年春に予定していた重要イベントを控え、とくに信長の立場と権限を明確にしておく必要があった。両者間で交渉が重ねられた末に出されたものが「五ヶ条の条書」と考えられるのである。

交渉のために岐阜と京都を往復したのは、金子拓氏の指摘するとおり「五ヶ条の条書」の宛所となっている日乗、それに細川藤孝が同行しており、二人は条書の日付である永禄十三年正月二十三日に岐阜に滞在していた［金子二〇一九］。幕臣の細川藤孝と、朝廷と幕府・信長間の仲介役となっている日乗が取り持つことで、「五ヶ条の条書」が出されたことになったといえるだろう。

前置きが長くなってしまったが、「五ヶ条の条書」の各条文の検討に入ろう。この条書は

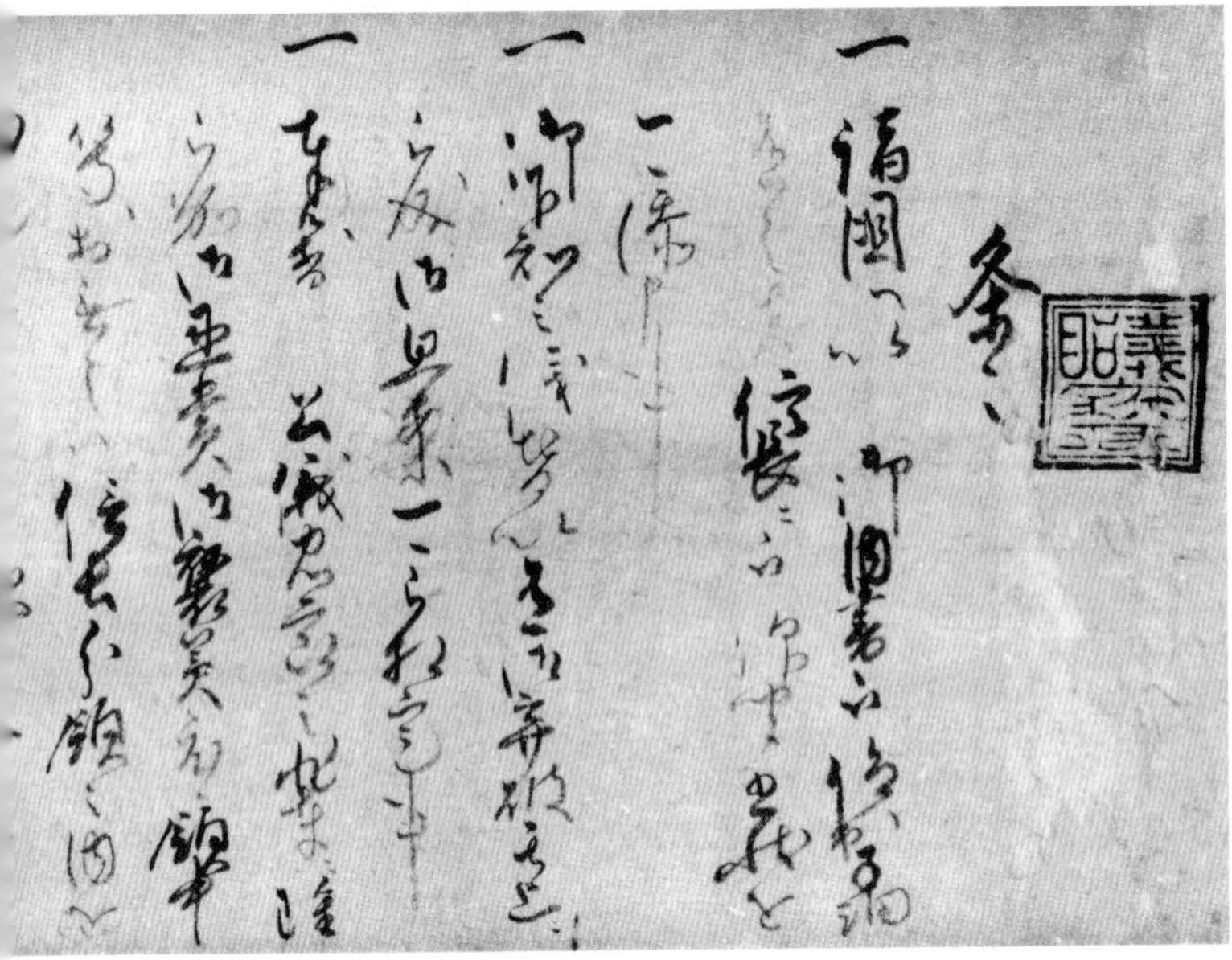

（足利義昭）（黒印）
条々

一、諸国へ以御内書被　仰出子細有之者、信長ニ被　仰聞、書状を可添申事、

一、御下知之儀、皆以有御棄破、其上ニ被成御思案、可被相定事、

一、奉対　公儀、忠節之輩ニ雖被加御恩賞・御褒美度候、領中等於無之ハ、信長分領之内を以ても、上意次第ニ可申付事、

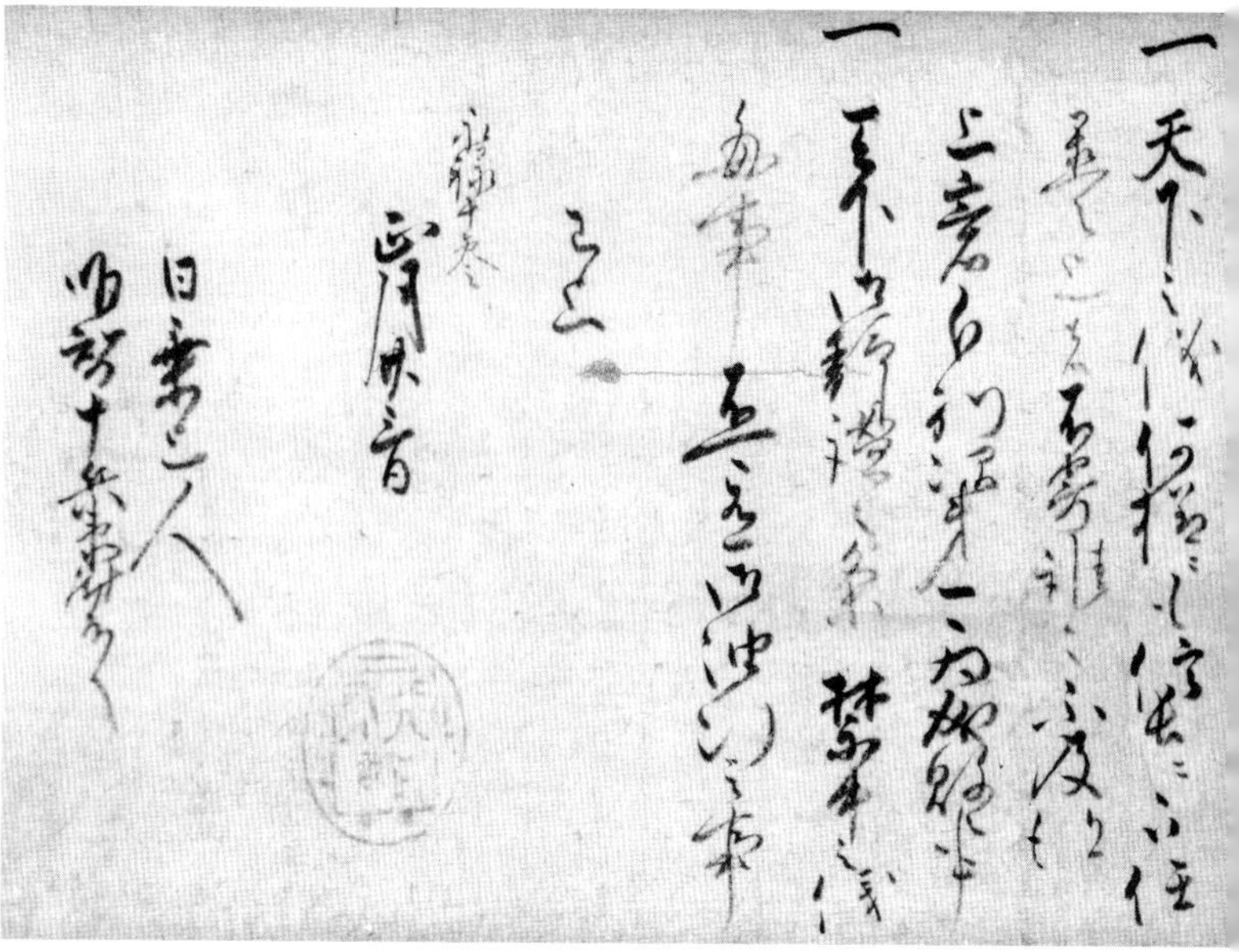

永禄13年（1570）正月23日付け足利義昭袖判織田信長朱印状（石川武美記念図書館成簣堂文庫蔵）

一、天下之儀、何様ニも信長ニ被任置
之上者、不寄誰々、不及得
上意、分別次第可為成敗之事、
一、天下御静謐之条、禁中之儀、毎事
不可有御油断之事、

已上

永禄十参
正月廿三日　（朱印）（織田信長）

日乗上人
明智十兵衛尉（光秀）殿

重要な史料なので、読み下しも並記することにする。五ヶ条のうち、先行研究で解釈の揺れが少ない五条目から見ていくことにしたい。

義昭によって天下静謐となったからには、天皇・朝廷に対する出仕・支援は、義昭がすべてにおいて油断せず勤めなければならない。

（天下御静謐の条、禁中の儀、毎事御油断あるべからざるの事、）

将軍義昭と天皇・朝廷との関係性を明記した条文である。文中の「静謐」「油断」には「御」が付けられていることから義昭の行動として解釈しなければならず、将軍に、朝廷を支える役割が期待されていたことが分かる。永禄十三年正月というタイミングで、あらためて明文化しておく必要があったのである。

「五ヶ条の条書」を読み直す②

続いては三条を読んでいこう。

義昭に対して忠節を尽くした者に、義昭からの恩賞・褒美とする領知などが不足した場合は、信長の分国内であっても、義昭の上意次第に命じることができる。

（公儀に対し奉り忠節の輩に、御恩賞・御褒美を加えられたく候といえども、領中等これなきにおいては、信長分領の内を以ても、上意次第に申し付くべき事、）

これについては池上裕子氏の説明が要領を得ている。

義昭は臣下や忠節の者への恩賞として、寺社本所領を宛行って紛争の火種をつくり、信長が義昭の宛行を否定する事例がいくつかみられた。第三条はこれと関わり、忠臣への恩賞地がなければ信長の領地を提供してもよいというのは、一見信長の親切な申出のようにみえる。しかし、信長の領地から宛行をするためには、誰にどれだけの知行を宛行うか、義昭が自由に決定できず、信長の同意を得なければならない。（中略）信長の干渉は避けられなかったであろう。

（［池上二〇一二］六一〜六二頁）

条文中では「上意次第」と明言される知行宛行《ちぎょうあてがい》に、信長がどの程度「干渉」できたかは疑問が残るが、ともかくも他者の領知を勝手に与えることにブレーキをかけようとしたものであろう。義昭周辺で行われていた公家・寺社領の切り取りが、周囲には深刻な影響を与えていたことを示している。

この三条は、一つ前の二条とも関わる問題であった。

これまでの幕府が出した下知については、すべて義昭が「棄破」されたうえで、よくよく御思案をなされて定められますように。

（御下知の儀、皆以て御棄破あり、その上御思案なされ、相定めらるべき事、）

ここは池上氏の説明と比較しながら見ておこう。

第二条では、これまでの義昭の下知はすべて無効とし、あらためてよく考え、決定するよう求めている。きびしい内容である。このうちには知行の安堵・宛行が含まれる。

（［池上二〇一二］六一頁）

池上氏は下知を義昭の出したものとし、その無効化を信長から迫ったものと理解している。

だが、中世史料のなかで「棄破」という言葉から連想されるのは、徳政《とくせい》（令）であり、それとの関わりが追及されるべきではないだろうか。徳政令では、「棄破」されるのは発令時までに出された前代の発給文書も含む。「御下知」の発給者は義昭一人に特定できないだろう。徳政といえば、室町幕府の将軍義持《よしもち》・義教・義政の時期には、将軍の代始めに徳政が出され、売却地の返還を中心とする公家・寺社領の回復政策が推進されていたことを榎原雅治氏が指摘している〔榎原二〇〇六〕。武家だけでなく、公家からも寺社からも将軍と仰がれうる統治者の「徳」を示すため、とくに将軍代替わり直後の土地制度においては、あるべきものをもとの持ち主に戻す徳政が実施されていた。榎原氏が検討されたのは十五世紀の室町幕府将軍についてであるが、上洛して新将軍となった義昭の展開してきた知行政策も、原則として公家・寺社の当知行安堵や押領された所領の回復政策であり、これらは代替わり徳政の一環として理解しうるのである。ほかにも司法制度の整備は雑訴の興行であり、上洛直後から朝廷に改元を申し入れていたのも、代替わり徳政に関係してくる。

　既述のとおり、義昭と彼を支える側近たちは、常にあるべき幕府の姿を追い求め、その理想に近づけるための努力を繰り返してきた。彼らは新将軍の「徳」を示すために邁進していたのであり、「五ヶ条の条書」一条・三条は、徳政のなかで彼らが構想し準備していた土地制度として理解した方が整合的なようである。

「五ヶ条の条書」を読み直す③

残りの部分を読んでいこう。まず、さまざまに解釈されがちな一条である。

義昭が諸国へ御内書で命令を出すに際し、「子細」があれば信長にもご連絡いただき、信長の書状を添えて出すこと。

（諸国へ御内書を以て仰せ出され、子細あらば、信長に仰せ聞かせられ、書状を添え申すべき事、）

これを池上氏は義昭の活動を制限するものと理解している。

義昭は将軍として各地の大名らに御内書と呼ばれる文書を送り、大名間の和睦を促したり、忠節を求めたり、馬などを所望したりした。それに信長の書状を添えるということは、その一つひとつを信長が把握するということであり、義昭は自由に手紙も出せなくなる。

（［池上二〇一二］六一頁）

ここで注意すべきは条文にある「子細」であろう。中世史料で出てくる「子細」は決して些末《さまつ》な事柄でなく、プラスであれマイナスであれ、無視できない「事情」というニュアンスを含む。たとえば信長の書状でも、「自他契約子細候（武田―織田で結んだ盟約のくわしい事情がある）」というように（『信長』九二）、当事者との関係性にある事情・経緯などの意味で使われている。ということは第一条の「子細」も、義昭御内書の宛所との間に、すでに信長が関与している事情・経緯がある場合は信長からも書状を出すということであり、決して義昭が出すすべての御内書に信長の副状《そえじょう》が必須であったわけではない。逆にいえば、信長の関与しない宛所に対しては「義昭は自由に手紙も出」せたのである。

最後に、重要であるだけに注目されてきた四条である。

天下の平定については、どんなことも信長に任せ置かれたのであるから、誰であっても義昭の上意を得ることはできない。物事の道理に従って信長が成敗をするまでである。

（天下の儀、何様にも信長に任せ置かるるの上は、誰々に寄らず、上意を得るに及ばず、分別次第に成敗をなすべきの事、）

これを池上氏は、信長の権限で天下を差配するに至ったと理解している。

天下のことはすべて信長に任せられたのだから、誰であっても、将軍の意見をきかずに、信長の考えで成敗するとしている。天下のことは本来将軍の権限であるが、義昭が信長に委任したことによって信長の権限になったと宣言している。（[池上二〇一二] 六二頁）

おそらく池上氏の理解は通説的なものなのであろうが、しかし、そのように解釈するためには、条文が「上意を得るに及ばず、誰々に寄らず、分別次第に成敗をなすべき」という語順になっていなければならない。本文の語順に従って忠実に訳せば、「誰々」は「上意を得る」主体に掛かるしかなく、ここでは、将軍義昭の上意を奉じるのは信長だけであることを確認させたものと読むしかない。しかも信長が上意を奉じる範囲は、当時の信長の行動に即して考えれば天下静謐のための平定戦であり [金子二〇一四]、おそらく軍事的・外交的側面に限定していたものであっただろう。

敵対するか味方するか

ここまで駆け足となったが「五ヶ条の条書」の各条文を読んでみた。そこから見えてきたところによると、永禄十三年正月の時点で義昭と信長は、将軍の代替わり徳政として新体制の構築を控えており、両者の役割分担を確認しつつ、そこで信長の立場を明確にすることが予定されていたものと考えられる。それは将軍と諸大名らとの関係性のなかに、信長をどう組み込んでいくかというもので、義昭と信長双方が交渉を重ねた末に折り合いをつけたものなのであった。

この新体制については、「五ヶ条の条書」と同日付けで出されたとされる、次の信長書状が手がかりを与えてくれる。

【史料25】〔永禄十三年〕一月二十三日付け北畠具教等宛て織田信長書状写

禁裏の御修理のため、幕府への奉公のため、そのほかさらなる天下静謐のため、信長は二月中旬に上洛する予定である。そなたも上洛し、将軍義昭様に服属を誓う御礼を行い、天下静謐のため働くことが肝要である。奉公に遅参することのないように。

この書状を信長は、畿内を中心とする諸大名に宛てて出した。そのリストが残されているので、例によって地図に落としてみると次頁の図のようになる。畿内近国の諸氏にはそれぞ

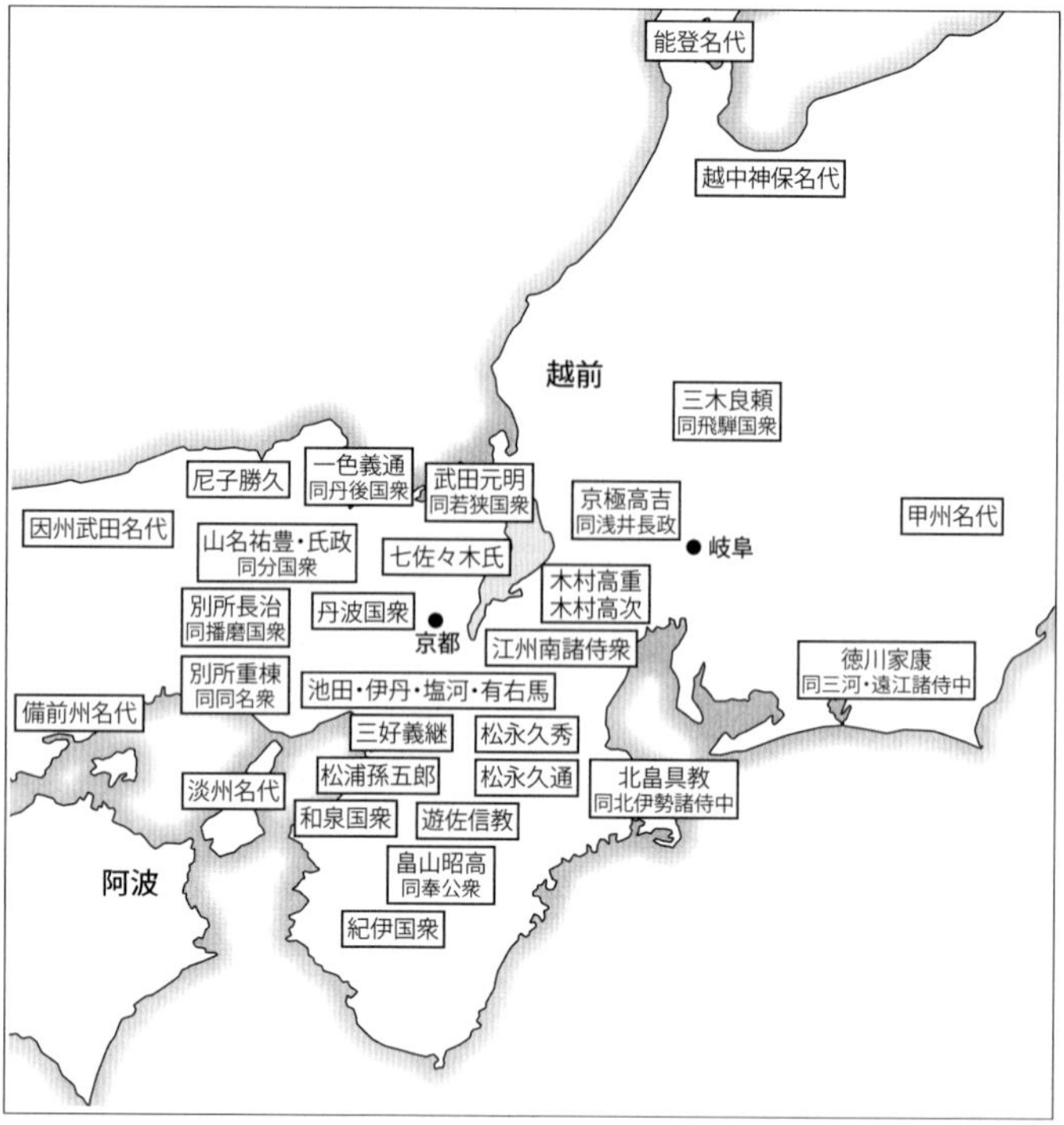

永禄13年（1570）に上洛命令が出された諸氏

れが国単位で地元の国衆・諸侍らを率いて上洛し、その周辺の諸氏には「名代」を上洛させるように促している。これは、当時の義昭―信長が構想していた大名編成のモデルと考えられ、実際に軍勢を派遣しうるエリアと、「名代」派遣にとどめ後方支援をするエリアとが分けられている点が興味深い。かつて永禄九年の上洛作戦で準備されていた同心円状に動員をかける軍事計画と似ており、まずは自派の諸大名らを距離に応じて編成しようとしていたのである。

この時、義昭―信長に明確に敵対する勢力は二つあった。三好三人衆の有力武将である阿波の篠原長房《しのはらながふさ》と、越前の朝倉義景であり、すでに前年八月からそれぞれへの攻略方法が練られていた。今回の上洛命令は、彼らへの大規模な軍事行動を予定していたものとすると分かりやすい。越前を取り囲む若狭湾から飛騨にかけて、阿波を取り囲む大阪湾から紀伊にかけて、大名だけでなく土豪《どごう》クラスのものまでが綿密にリストアップされていることに気がつくであろう。

信長とともに上洛するように命じ、彼らがどのような対応を見せ、どこまで旗色を鮮明にするか。信長と義昭による天下静謐のための戦争に、賛同するか敵対するか、彼らをふるいにかけたのである。

上洛と改元

その信長の上洛は、永禄十三年（一五七〇）二月末になった。公家をはじめとする群衆が迎えるなかを京都に入った信長は、三月一日に義昭二条城に参上して義昭に御礼を遂げ、その日のうちに朝廷にも参上して禁裏作事の様子を回覧している。義昭二条城では畠山昭高《はたけやまあきたか》や三好義継のほか公家身分で飛彈の三木自綱《みきよりつな》らが同席しており、これとは別に但馬山名《たじまやまな》氏や備《び》前宇喜多《ぜんうきた》氏からの進物が山のように届いていることから、信長の上洛命令に応じた大名たちが相当の数に上っていたものと考えられる(「言継」永禄十三年三月一日・十六日条)。

上洛中の出来事で注目されるのは、明智光秀と日乗によって公家所領の確認調査が進められていることである(「言継」永禄十三年三月六日条)。これを山科言継は信長に命じられたものとしているが、すでに見た「五ヶ条の条書」では光秀と日乗が宛所となっており、彼らが実務面での主導的な立場にあったものと推測できることからすれば、幕府と信長による事業とするべきであろう。また、「五ヶ条の条書」でも当知行などの土地制度に触れていたことから、上洛を機に公家・寺社の当知行安堵政策が行われたものと考えられよう。これは、二年前の上洛から義昭と幕臣たちが取り組んできた当知行安堵政策の総仕上げともいうべきものではなかっただろうか。

義昭の将軍就任以来の課題という点では、同じく持ち越されてきた改元もこの時に実行されている。義昭がその費用提供を渋ったために進捗しなかったが、ようやく永禄十三年二月三日に年号候補を絞り込む勘者が決められており(「お湯殿」同日条)、改元の実務はスタートしたのである。これは「五ヶ条の条書」が京都に届いた直後のタイミングであり、この点からも、「五ヶ条の条書」は信長上洛とそれに合わせた新体制発足に向けた事前調整といえる。改元は四月二十三日に実施され、将軍義輝から十三年続いた永禄は幕を閉じ、元亀《げんき》となった。

このほかに四月十四日には、義昭二条城の竣工記念として観世《かんぜ》・金春《こんぱる》の能が演じられた。これで前年正月から続けられた普請は、一段落したことになる。義昭と信長のほか、三木自綱、北畠具教《とものり》、徳川家康、畠山昭高、一色義通《よしみち》、三好義継、松永久秀といった上洛命令を出された諸氏と公家衆が出席したという（「信長公記」巻三）。

このように永禄十三年春の信長上洛は、二年前に義昭を将軍に就けてから手掛けてきた諸事業に一定の目途が立ち、総仕上げの節目となるものであった。義昭の立場でいえば、これは代替わり徳政の最後を飾るものであり、自らの幕府の安定性を世間に示すために打ち上げた大型花火だった。しかも、この年九月には幕府から徳政令が出されている（『大日』十―五元亀元年十月四日条）。債権の帳消しを求める徳政令自体は、山城《やましろ》西岡を中心に蜂起した徳政一揆への対処として出されたものだが［下村二〇〇五ほか］、将軍の代替わりに伴って徳政令を期待する雰囲気が社会の根底には存在したものと考えられる。

こうして義昭による代替わり徳政は実行された。その新体制のもとで、軍事的・外交的に天下静謐を担うのが信長であり、天下静謐の戦争遂行のため、畿内近国の諸大名らは義昭のもとで軍事的に編成をされていくのである。

和睦調停と義昭・信長

畿内近国で遂行される天下静謐のための戦いと、その後方支援を託された周辺国という同心円状の動員が見えてきたところで、それより遠方に位置した大名との関係性を見てみよう。ここでは、義昭が早くから取り組んでいた毛利氏・大友氏の和睦調停を例に、史料の年次比定を進めながら、調停の推移を追いかけていく。

義昭が和睦調停に乗り出したのは永禄十二年（一五六九）正月である。第二章で登場した聖護院門跡道増は、永禄八年（一五六五）の義輝暗殺後も毛利領国に滞在していた。義昭の上洛後、またもや筑前・豊前をめぐる毛利氏・大友氏の対立が激化したことで、道増を利用した調停が始められたのである。義昭が後に述懐しているところによれば、この調停は毛利元就の懇願によって始められたものだというが、兄義輝の後継将軍である義昭としては、政策踏襲の意味ももちろんあったことだろう。ただ、義昭には義輝以上に明確な目的意識があった。永禄十二年正月十三日付けで毛利氏・大友氏双方に出した御内書では、「四国御退治」のために和睦するよう命じている。三好三人衆の襲撃を受けた本圀寺事件から間もないこともあり、抵抗勢力である阿波への反撃体制を作る一環としての和睦調停なのである。

四月には義昭側近の柳沢元政《もとまさ》が現地に下り、大友氏側とも接触して交渉にあたることとなった。しかし五月には、筑前立花《たちばな》城をめぐる攻防で毛利氏・大友氏が激突しており、調停は長期化を余儀なくされてゆく。

年が明けた永禄十三年三月二十三日、あらためて義昭は毛利氏に対し、阿波「退治」のために大友氏と和睦せよとの御内書を出した。この一連の御内書は『大日本史料』をはじめとする史料集では永禄十二年のものと比定されてきたが、それでは義昭の花押や柳沢元政の動きが整合しない。義昭は、永禄十二年六月に権大納言《ごんのだいなごん》となってから花押を公家様《くげよう》に改めていることからも、一連の御内書は永禄十三年のものとするのが自然である。

ここで興味深いのは信長の関与である。和睦を命じた三月二十三日と同じ日付で、義昭は毛利元就の孫輝元に右衛門督《えもんのかみ》の官途《かんと》を与え、信長がその副状を出している（『毛利』三二九）。

公家様Ⅰ型
（「護国寺文書」影写本）
永禄12年6月22日（権大納言任官）～元亀元年7月

公家様Ⅱ型
（「細川文書」影写本）
元亀元年8月～元亀2年3月

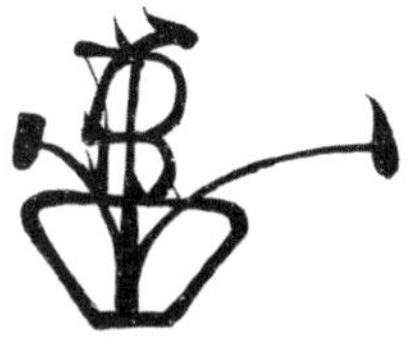

公家様Ⅲ型
（「毛利文書」影写本）
元亀2年5月～天正3年3月

足利義昭の花押変遷2

その理由として考えられるのは、義昭と信長は前年八月には毛利氏の依頼を受けて但馬に軍勢を出しているように、軍事的に同盟関係にあったことに加え、前述の永禄十三年春の上洛を機に、信長が御内書副状を積極的に出すようになったためであろう。一方で、この時期に信長のもとには「豊後大友の使僧」も到着しており（『言継』永禄十三年三月十六日条）、毛利氏・大友氏双方と通じてもいた。それでも和睦調停は基本的に義昭が担当しており、使者派遣などは義昭の裁量で進められていたのである。

毛利氏と義昭の結びつき

もっとも毛利氏の狙いは、別のところにあったようだ。義昭・信長との連携を強めつつ、大友氏との抗争を和睦調停を盾に食い止めながら、一方で山陰方面に注力しようとしており、信長らに但馬・丹後方面に軍勢を出させ、尼子氏残党を挟撃しようとしていたのである（『大日』十―六、元亀二年四月十一日条）。そのため毛利氏は幕府と結びつき、義昭側近の柳沢元政は毛利氏の領国に下り、毛利氏と義昭と双方に従属して家臣を兼務することになった。また毛利氏は、幕府への経済的支援として、周防中徳地村《なかとくじ》や石見銀山の貢納の一部を御料所《ごりょうしょ》として上納したのである（『大日』十―七、元亀二年十月六日条）。いわば軍事的なパートナーに対する必要経費という判断なのであろう。

毛利氏との連携が密になるなかで、そのキーマンであった聖護院門跡道増が安芸で病死し、まもなく毛利元就も死去した（『大日』十―六、元亀二年三月一日条、同年六月十四日条）。道増危篤の報に接した義昭は、久我宗入《そうにゅう》（晴通）の豊後派遣を決めている（『大日』十―六、元亀二年四月三日条）。第二章で見たとおり、久我宗入は義輝による和睦調停でも豊後下向の経験を持ち、帰京後も大友氏の京都通交の窓口となっていた。義昭の和睦調停でも、ふたたびその人的関係に頼ることとなったのである。ただこの時は、義昭が声高に叫んでいた「四国御退治」のフレーズに替わり、「凶徒退治」と対象を限定しない言葉に置き換えられている。じつは前年末に三好三人衆らと義昭・信長の間で和議が成立しており、この時点では「四国」との敵対関係が解消していたのだ。しかしそれでも義昭は、毛利・大友間の和睦の意義を「凶徒退治」というレベルで語っている。義昭にとって遠国の大名は、まず自らの戦争の役に立つかどうかの一点で分別されたことを示していよう。

毛利・大友間の和睦調停（豊芸和睦）は、年が明けた元亀三年（一五七二）四月ごろには双方で大方の合意ができるところまで進んだが、締結の寸前で六月に大友氏から注文が入り、暗礁に乗り上げてしまう（『大日』十―一〇、元亀三年十月二十九日条）。一方で義昭が並行して進めていた、備前の浦上宗景《うらがみむねかげ》・宇喜多直家《なおいえ》と毛利輝元の和睦（備芸和睦）は、直家の仲介が奏功し十月に成立する［森脇二〇一六］。義昭と三好三人衆らとの関係は前年夏に手切れとなったことで、ふたたび三好三人衆は抵抗勢力となった。義昭は毛利氏の兵力を四国方面に向けるよう指示しており（『大日』十―八、元亀三年閏正月十三日条）、またもや「四国への行《て》（軍事行動）」こそ毛利・大友が「天下の御用に立つ」方策であると説得している（『大日』十―一〇、元亀三年十月二十九日条）。義昭としては、四国への軍勢派遣の実現性が高まるのであれば、豊芸和睦でも備芸和睦でも、どちらでも構わなかったのである。

義昭・信長と「遠国の仁」

このように義昭による毛利―大友間の和睦調停を追いかけていくと、足かけ四年という長期間に及ぶ事業だったにもかかわらず、その関連史料ではほぼ一貫して、義昭が進める四国攻略を進めるための和睦であることが繰り返し述べられている。これを水野嶺氏は、義昭の和睦調停では軍事的奉公を強く求めたものとし、義輝期よりも強化された幕府権力の反映であると評価する［水野二〇一八］。そうした見方も可能ではあるものの、義昭が軍事的な実利を優先することで削ぎ落とされてしまった要素も少なくないようだ。もう少し詳しく、義輝の時期との相違点を見てみよう。

義輝期と同様、義昭期においても、軍事的連携の重要性が低い遠国との通交は進められている。奥羽では陸奥の葛西晴胤《はるたね》が永禄十二年には上洛しているし（『石巻』二九五）、出羽の土佐林禅棟《ぜんとう》は元亀二年に京都の屋敷を拝領している（『荘内』二六一）。同年に葛西義重《よししげ》は義昭の一字偏諱を受け（『石巻』二九八）、詳しい時期は不明だが、大崎義隆《よしたか》の名乗りも義昭の一字偏諱によるものだった［木下聡二〇〇八］。九州では薩摩島津義久の家臣である喜入季久《きいれすえひさ》が元亀元年に上洛し（『大日』十―四元亀元年六月二十八日条）、肥後の相良義陽《よしひ》は黄金七十両を献上している（『相良』五四五）。将軍が在京し幕府が日に日に安定してくることで、その祝儀を名目として遠国との通交が活性化していくのは、義輝の時期と同じ現象である。

だが、それらの関連史料をめくってみても、義昭は鷹や馬、あるいは殿料といった金品を自らへの「馳走」として催促するばかりで、将軍が上位者として遠国の諸氏と関係を持つことの政治的な意味を言葉で明記したものは見られない。義輝が足利将軍を頂点とした武家の秩序を「都鄙」と表現したような事例が、義昭には見当たらないのである。

対照的なのが信長である。前著［黒嶋二〇一八］でも取り上げた史料だが、あらためて見てみよう。

さて大友宗麟は、長年上洛を望んでいるとのことである。近年もその準備を進めたのだが、毛利氏との関係が悪化したため、計画を取りやめ、なお返答を送ってこない。どのように対処するべきだろうか。中央の政治（「天下の儀」）を信長が支えている状況で、「遠国の仁」が上洛すれば、京都の幕府にとっても、信長にとっても、（統治の安定を示すものとして）プラスに働くだろう。毛利氏側も熟慮され理解を示してもらえれば、その旨を大友側に伝達しよう。かりに宗麟上洛が実行されたとしても、信長と毛利氏の間柄に疎意を挟むことはないので、疑念を持たれることはない。

（【史料21】〔元亀三年〕五月二日付け小早川隆景宛て織田信長書状）

元亀三年といえば、毛利氏と大友氏の和睦が最終局面を迎えているころである。そこに大友宗麟から上洛計画の打診があり、毛利氏側に無用のトラブルを起こさないよう根回しをした書状になる。もちろん宗麟の上洛には畿内方面の視察だけでなく、反毛利氏の立場で同盟関係にある諸氏へのテコ入れもあったのだろうが、ともかくも信長としては歓迎すべき案件であることは間違いない。それは、宗麟のような大名クラスの「遠国の仁」の上洛は、幕府にも信長にもプラスに作用すると考えられていたためである。

義昭と信長の相違は興味深い。もしかすると、義昭よりも信長のほうが、遠国の政治的効果を理解していたのではないだろうか。

信長の画期性

ただし、この時点ではまだ、信長と遠国との関係性は濃密とはいえない。これまでに分かっているものとして、元亀二年（一五七一）に鷹を求めるため、越後を経由して陸奥に鷹師を派遣し（『信長』二七一号）、翌年には陸奥田村《たむら》郡の大祥院《だいしょう》に宛てて「奥州塩松先達職」を安堵している（『信長』三三二号）。だが、これは地方と中央との間を恒常的に移動している鷹師や修験者《しゅげんじゃ》に宛てたもので、いわば間接的なものである。元亀年間までは、奥羽の大名らとの直接的な関係は確認できていない。

九州でも同様で、島津氏や相良氏など義昭との通交が判明している諸氏でも、元亀年間までに信長がそこに介入した痕跡はない。大隅《おおすみ》の禰《ね》寝重長《じめしげなが》のように信長との接触を試みるものもあったが（「今井宗久書札留《いまいそうきゅうしょさつどめ》」）、通交が活発化するには至らなかったようだ。大友宗麟との通交も、それは「天下の儀」すなわち中央の天下静謐に直接絡んでくる毛利・大友間の和睦調停の過程で関係を深めていったものだ。義昭のいう「四国御退治」は、信長による「天下静謐」にとっても重要な計画であったため、大友氏と通交しておく必要があったのである。

ほかの遠方大名との通交としては、武田氏や上杉氏とのものがあるが、これは義昭の上洛

禰寝重長の墓（著者撮影）

以前から続けていたものであり、その延長線上にある武田―上杉間の和睦調停でも信長は主体的に動いている。ただ、これは「天下の儀」という以上に、信長自身の領国保全のための意味合いが強いだろう［谷口克広二〇一四、金子二〇一四］。

　このように信長は、基本的に領国保全と「天下静謐」のための戦争に邁進している時期であり、その過程で、必要に応じて連携しておくべき大名と個別に関係性を持っていたと考えられる。それでも信長が領国を接する諸氏を超えて、広く毛利輝元・大友宗麟などとも関係していたのは、やはり「天下の儀」の担当者であることが大きい。それは、三好長慶が手にすることのできなかったものであり、信長ならではの通交スタイルといえるだろう。

　三好長慶との違いという点でいえば、武家秩序における二人の位置づけも大きく異なる。最終的に幕府の相伴衆となった長慶と異なり、信長は幕府秩序に取り込まれることを徹底して避けていた。義昭は将軍就任の直後に、信長に斯波氏の家督、副将軍職、そして「御父」

の尊称を与えようとしたが、信長はこれを固辞し、最終的に「御父」だけを受諾した［石崎二〇一八］。その後も、永禄十二年三月には朝廷から副将軍職の打診があり（「言継」永禄十二年三月二日条）、翌年四月の義昭二条城の竣工を祝う場でも何らかの官途を授ける動きがあったが（「信長公記」巻三）、いずれも実現しなかった。幕府も朝廷も、どうにか信長を制度的な序列のなかに位置づけようと腐心したのは、相応のポストに就かない実力者に、強い違和感を抱いたためである。結局のところ、信長を幕府・朝廷につなぎとめるものは「御父」という擬制的な血縁関係しか残らなかった。義昭二条城を築き、内裏を再建し、幕府や朝廷への経済的支援は惜しまず勤めながら、さらには「天下の儀」という政権の軍事的な枢要を担いながら、組織に属す肩書を持たなかった点で、信長はまったく前例のない実力者となっており、それはさしあたり「天下人」と称するしかないものといえるだろう。

足利義昭の戦国大名的思考

信長よりも広い範囲で、遠国の諸氏と繋がっていたのは将軍義昭である。奈良を抜け出した直後から遠方の諸氏にも支援を依頼しており、彼らの経済力・軍事力に頼る部分は大きかった。経済的・軍事的支援を求める目的は明確に発信され、流浪中は自らの入洛のためであり、上洛後は自らに敵対する勢力(「凶徒」)の退治のためであった。毛利・大友間の和睦調停ですら、義昭が主導する「四国御退治」を成し遂げる一つのステップにすぎない。その意味で義昭の立場は終始一貫しているのである。

じつは義昭は、敵対勢力(「凶徒」)との戦争に意欲的な将軍であった。上洛後も義昭派の池田勝正《かつまさ》・伊丹親興《いたみちかおき》・和田惟政《わだこれまさ》らを摂津方面に配置し、軍事指揮権を行使して但馬や播磨などに積極的に侵攻している[久野二〇一七]。また、元亀元年の代替わり徳政後は、みずからが戦地に赴く「親征」を行っている。六月には近江の浅井《あざい》氏・六角氏征伐として親征を計画し(『大日』十—四元亀元年六月二十日条)、八月には三好勢の退治のため摂津に親征している(『大日』十—四元亀元年八月三十日条)。もしかすると近江出陣は、代始めに六角征伐を行って「戦場の指揮官」となろうとした九代将軍義尚《よしひさ》の故実[石原二〇一七]を踏まえたものかもしれないが、その詳細は不明である。

それはともかく義昭は、自らの「本意」を阻む「凶徒」の「退治」を熱心に主導し、戦場の指揮官となるべく親征にも意欲的に取り組んでいた。こうした戦略的な発想は、戦争のなかで敵の敵と結び、いわゆる包囲網を作りあげていこうとする戦国大名に近い。義昭の目線は、戦国大名たちと同じ次元にあったといえるだろう。しかし、権威を伴う将軍が親征したからには、相応の戦果がなければならないが、元亀争乱の舞台となった近江でも摂津でも義昭・信長側の戦況は好ましいものではなかった。元亀二年・三年に義昭が京都から出なくなるのは、元亀争乱の苦境のなかでは、かえって将軍親征のリスクが大きいと判断されたためであろう。

しかも自身が主導してしまえば、将軍とはいえ戦争の当事者となることは免れえない。元亀元年末の信長と浅井氏・朝倉氏との和睦では、仲介者である義昭からも人質が求められ、側近三淵藤英の子供を人質として差し出している（『大日』十―五元亀元年十二月十四日条）。すでにこの時点で、義昭は中立的な調停者とは見られていなかったことになる。物理的な制約があったとはいえ、将軍の立場から和睦調停を行い、あくまでも中立的・客観的な調停者となろうとした義輝とは大いに異なるのである。

公界の欠けた将軍

こうした将軍の姿は、世間が期待していたものと乖離《かいり》していたと考えられる。なぜならこの時、義昭とその幕府は代替わり徳政を推進しており、人々はそこに、あるべき将軍とあるべき幕府の姿を思い描いていたのである。治世の安定に心を砕き、戦争で錯綜した権利関係の糸を公正な裁判で解きほぐし、天皇家や公家・寺社などの所領を回復し、天下を再生してくれる存在として人々は新たな将軍を迎えたはず、である。

義昭自身も、それに向けた努力をしてこなかったわけではない。おそらくは越前滞在中に家臣たちが集積した幕府故実書に接しながら、あるべき将軍となり、そしてあるべき幕府を再興することが自身の責務であると理解はしていただろう。上洛後の幕府による安堵・裁許の件数が一定の数にのぼることからも［久野二〇〇三］、実務に携わる奉行人たちが日々膨大な案件を処理していたことは明らかである。だが同時に、人々は信長による安堵や裁許も求めていた。信長の武力という実力で統治の安定は実現しており、そこからも保障を得ようとするのは自然な流れであるが、義昭の幕府が十全なものではなかったことも影響していただろう。

しかし現実には、必ずしも幕府の裁判は公正に審議されず、奉公衆たちの土地押領が頻発し、将軍は戦争ばかりに関心を持つ。代替わり徳政によって表向きはあるべき将軍・幕府を標榜していただけに、現実との落差は、より大きく感じられたのではないだろうか。

そんな人々の期待と失望がうかがえるエピソードが、歌人としても有名な松永貞徳《まつながていとく》（一五七一～一六五三）の『戴恩記《たいおんき》』に記されている。『戴恩記』は貞徳による歌学書であるが、貞徳は細川藤孝など義昭と同世代の人々から和歌を学んでおり、次の話も、そうしたなかで耳にしたものと思われる。

義昭二条城の竣工した翌年正月に、城門の柱の下に割れた蛤貝を九つ、並べて置いてあった。どんな意味があるのか誰も分からずにいると、信長様は知恵者だったので、「この意味は公方の御心がうつけなので公界（＝九つの貝）が欠けていると、京童が笑い草にしたのだ」と囁いたという。

（【史料27】「戴恩記」）

この話を奥野高広氏は「自分の住宅を信長に建ててもらうほど、将軍として表向きのことは何もできないとの悪口」と見る［奥野一九六〇］。だが、公界《くがい》（公的なこと）が欠けているという批判は、義昭の人格と幕府の政治全般にも当てはまる。将軍の適性（「徳」）に疑問符がついた時、混乱に拍車がかかるのは、室町幕府の歴史のなかで繰り返されてきた情景であった。その混乱が、まもなく義昭にも訪れるのである。

第四章　城破れて天下布武

理想の将軍との距離

さて、これまでギクシャクとしながらも共闘を続けてきた信長と足利義昭は、いよいよ決別に向けて歩み始める。その転機となった、元亀三年（一五七二）における二人の動向を簡単に辿っておこう。

この年の正月を岐阜で迎えた信長は、三月に上洛しているが、その途中で小規模な浅井氏攻めを行っている。まもなく四月に河内《かわち》へ義昭の軍勢とともに出陣するが、信長軍は三好義継・松永久秀を取り逃がし、すぐに帰洛して翌月には岐阜に帰国してしまう。一方、基本的に京都にあった義昭は、三月の信長上洛を受けて、京都の武者小路に新たに信長の屋敷を造営するべく、普請計画を表明する（『大日』十—八、元亀三年三月二十一日条）。この普請では形式的に信長家臣の島田秀満《しまだひでみつ》と村井貞勝《むらいさだかつ》が作事奉行となったものの、実際の労働力は信長家臣ではなく義昭方の諸将や公家たちに課されており、明らかに義昭主導の事業であった。このように元亀三年の前半までは、信長と義昭とは協調していたといえるだろう。

だが、義昭のもとに男子（のちの義尋《ぎじん》）が生まれた八月ごろから徐々に変化が見えてくる。男子誕生の直後、義昭は二条城の修理を開始し、公家たちに普請役を課している（『大日』

十一〇、同年八月一八日条）。信長の新屋敷が竣工する前に、自分の城の修理を優先させようとしたわけだ。この間、信長は近江に出陣し、元服したばかりの嫡男信忠《のぶただ》を初陣として同道させている。信長は虎御前山《とらごぜやま》に砦を築き、浅井氏と朝倉義景に備えた。

その翌月に有名な異見《いけん》十七箇条が信長から義昭に提出され、これ以後、両者は「御中悪ク」なったという（「年代記抄節」『大日』十一〇、元亀三年九月是月条）。異見十七箇条は将軍の失政を書き連ねて批判した有名なもので、内容にも興味深いところがあるのだが、いま伝わっている条文が元亀三年九月に出されたものと同じなのかどうか、じつは判然としていない。研究者の見解でも提出時期をめぐって、九月説、十二月説、翌年正月説、二月説が出されるなど一定しないのである。残された周辺の史料から浮かび上がる状況証拠によれば、まず九月に提出され、翌年二月に広く流布していたものと考えられることから、二つの段階を想定したほうが良さそうだ。先にこの間の政治的な流れを押さえたうえで、後ほど異見十七箇条の内容検討に進もう。

元亀三年の九月に信長と義昭の「御中悪ク」なってから、衝撃的なニュースが京都に舞い込んできた。それまで信長と同盟関係にあったはずの武田信玄が敵対し、大軍を率いて徳川家康の領国に侵入したのである。遠江《とおとうみ》の二俣《ふたまた》城を十一月に陥落させた武田軍は南西に進み、これを迎え討とうとした徳川軍と十二月二十二日に激突した（三方ヶ原《みかたがはら》の戦い）。この戦いは、周知のように家康の大敗に終わるが、じつは信長も援軍を派遣しており（「信長公記」巻五）、武田軍の進軍を食い止められなかった点では、信長にも少なからずダメージとなった。しかも信玄は、別方面から美濃岩村《いわむら》城の攻略も進めていたのである。信長をターゲットに据えた信玄は、さらに軍勢を西に進め、三河野田《のだ》城を翌年二月中旬に攻略した。

武田信玄の征西を前に、しばらく信長が美濃を離れることができないのは確実である。誰の目にもそう映っていたのではないだろうか。

義昭は挙兵したのか

通説では信玄の快進撃に呼応して、義昭は反信長の兵をあげたと説明されている。その根拠とされるのが、当時の書状に出てくる「色を立て」という表現である。たとえば反信長の先頭に立っていた浅井長政は「公方様（義昭）は二月十三日に色を立て、朝倉義景と私に御内書を下されました」（「勝興寺文書」『大日』十―一四、天正元年二月二十六日条）とか、「公方様が色をお立てになって御内書を出されたので、そちらにお送りします」（「土屋文書」『大日』十―一四、天正元年二月二十六日条）というように、義昭が自分の陣営に加わったことを報告している。この時期、「色を立て」という言葉には挙兵する意味で使われる場合もあるのだが、では具体的に義昭の軍事行動が見えてくるかというとそうでもない。

ちなみに、『大日本史料』では「義昭…光浄院暹慶等をして、兵を西近江に挙げしむ」という綱文《こうぶん》（事件の概要を表わす文章）を立てているが、これは近江坂本城主だった明智光秀のもとに義昭から付けられていた家臣の山本対馬守《やまもとつしまのかみ》らが、離反し光秀と敵対したうえで、光《こう》浄院暹慶《じょういんせんけい》らとともに近江の今堅田《いまかたた》に立てこもったことを指している。この時の浅井長政による「志賀郡はこちらの手に属しました」という報告に合致するように、実態は志賀郡内で繰り広げられた光秀派と反光秀派の小競り合いにすぎず、これを「打倒信長」の挙兵というには規模が小さすぎるだろう。

また対象エリアという点では、二月までの段階で義昭が諸国の大名らに御内書を出した痕跡が見られないことも疑問である。広域に御内書を出し続け自身の権力基盤を作り上げてきた義昭にとって、遠方の諸氏に助力を仰ぐいつものパターンが、この時は確認できないのである。たまたま史料が残らなかった可能性もあるが、それまでの一斉発給を得意としてきた義昭の御内書が全く出されていないとすれば、やはり不審とせざるを得ない。

不自然さは時系列からもうかがえる。山本対馬守らが光秀から離反したのが二月六日（「兼見」）、義昭が浅井長政らに御内書を出したのが二月十三日となり、この間にタイムラグがある。これはフロイスら宣教師の記録にあるように、今回の行動の発端は幕府の若い衆たちが先行したもので、義昭は彼らを制御できなくなったとする説明と重なる。義昭は周到な準備をすることなく、幕府内部の反信長派の動きに引きずられるようにして、突発的に信長との協調を放棄してしまった。そんな経緯が浮かび上がってくる。

その背景には、当然のことながら、武田信玄の存在があっただろう。三河から美濃へじわじわと進撃する武田軍を想像し、その幻影に突き動かされた幕府内部の反信長派に歯止めをかけられないまま、義昭までもが反信長の旗色を鮮明にする。事前の大規模な軍事計画はなく、かつて得意としていたはずの諸氏との広域連携も先送りされた。義昭は行きがかりのように見切り発車で「色を立て」、信長排斥へ転じただけなのである。

浅井長政像（持明院蔵、東京大学史料編纂所所蔵模写）

異見十七箇条

義昭や彼に仕える人々にとって、信長の存在が不快なものとなった引き金は、やはり前年九月に出された異見十七箇条になるのであろう。これが義昭の失政を書き挙げた内容であることは間違いないのだが、九月段階での文面の正確なところは不明である。今に伝わっている異見十七箇条は、『尋憲記《じんけんき》』元亀四年二月二十二日条に所収のものと、それとほぼ同文の『信長記』所収のものだけであり、義昭が反信長に転じた二月段階のものである可能性が高い。このなかの四条目には次のようにある。（本章内では以下、各条を❶〜⓱で示す）

❹今回の雑説によって、御物（将軍家の重宝）を退避させたことは、都でも地方でも知れ渡っています。そのため京都はとくに騒がしくなっているとのこと、驚くばかりです。二条城の普請をはじめ、これまで苦労して造作を進めており、将軍御所として居を落ち着かせるべきところ、御物を退避されては、義昭様も一緒に動座されるのかと思われて無念でなりません。そのようであれば、信長の辛労も水の泡となります。

（【史料28】異見十七箇条写）

義昭が二条城から重宝を運び出したために京都で騒動になっているというもので、こうした事態が起きていれば公家たちの記録などに書かれてもおかしくないのだが、元亀三年の史料には確認することができない。該当しそうな記事は年が明けた元亀四年（一五七三）正月、義昭と信長の不仲により「雑説」が起こり、京都中が「物騒」になったとする「年代記抄節」である。これ意味しているとすれば、今に伝わっている異見十七箇条の文面は、やはり元亀四年正月以降の政治情勢を受けて修正されたものと考えたほうがよさそうだ。

手切れになった後に敵対者へ繰り出された悪評は、多少は割り引いて考えなければならないが、それにしても義昭に対する批判は辛辣《しんらつ》である。とくに後半で糾弾される義昭の金銭に対する「御欲」は詳細で、言いがかりをつけて質物《しちもの》の刀剣を没収した❾、賄賂を貰って烏丸光康《みつやす》を赦免した⑪、全国の諸氏から進上させた金銀を貯めこんでいる⑫、明智光秀の納めた地子銭を差し押さえた⑬、二条城の兵粮を金銀に替えてしまった⑭、寵臣に与えようと代官職や賦課を作りあげた⑮、という具合に一つ一つの具体例を挙げて義昭の金銭への執着ぶりを糾弾している。

そして⑯では、その強欲さが将軍として重大な欠陥であるとする。

⑯将軍に仕える幕臣たちも武具や兵粮には目もくれず、金銀を貯めこむことに熱を上げているほどだ。まるで牢人のやることで、有事の時も、京都を捨て、天皇を守らず、逃げ去るに違いないだろうと下々まで噂しております。

（【史料28】異見十七箇条写）

将軍に品格がないのは幕府全体の問題になり、義昭の幕府に、もう京都や天皇を守る役割は期待できないというのだ。これはさきほどの❹に結びつき、義昭と幕臣たちが京都を守る適性を欠いているという主張につながる。信長の軍事力によって上洛し将軍職に就いた経緯を踏まえれば、京都を守ることができない幕府とする評価は、義昭に対する大きなマイナス要因となったことだろう。

「悪しき御所」の先例

京都や天皇に対する義昭の仕事ぶりは、異見十七箇条の前半からすでに批判されている。前半ではとくに、信長と義昭の関係性のなかで各条文が展開されている。

❶朝廷のことは、十三代将軍義輝様は無沙汰をしていたため、結果的に運命に見放され落命されたことは事実です。それを踏まえて義昭様には毎年必ず務めるよう入洛の時から申し上げてきましたが、早くもお忘れになったようで、将軍としての責務を果たしていないものと考えます。

（【史料28】異見十七箇条写）

先例と仰いできた義輝を持ち出して、朝廷への奉公不足のために運命に見放されたとする論旨は、義昭をかなり刺激したことだろう。同じ朝廷への奉公として、改元をめぐる無沙汰も取り上げられている。元亀からの改元作業を進めるべきところ、義昭側が遅滞させ放置している、というものだ（❿）。朝廷対策に手を抜き、将軍の重要な仕事をしていない義昭は、つねに信長から諫言を受けていたことになる。

義昭への諫言は以下の各条でも続く。幕臣たちの忠節に見合った報奨を与えていない（❸）、賀茂社の訴訟で判決に表裏があった（❺）、信長に近い幕臣や女房衆を冷遇している（❻）、なにも落ち度がないのに冷遇され信長に泣きついてくる幕臣たちがいるほどだ（❼）、若狭の幕府料所についての訴訟を放置している（❽）、というように、主従関係の根幹である臣下への待遇や訴訟関連での不手際が糾弾されている。武家の棟梁であるはずの将軍にとっては、ともに重大な欠陥であることは言うまでもない。天皇・朝廷に対する責務を果たさず、将軍としての適性を持たず、ひたすら私利私欲を追求している。義昭の人格は、そのように明記されているのだ。

それらが最後の⓱で総括される。

⓱いまの将軍は諸事に欲をかくばかりで、物事の道理や外聞も弁《わきま》えないとの噂です。思

慮もない下々のものまでが「悪しき御所」と呼ぶとのこと。（かつて暗殺された）六代将軍義教様を人々がそう呼んでいたといいます。不名誉な陰口で、なぜそのように言われるのか、よくご分別のうえ行動してください。

（【史料28】異見十七箇条写）

六代将軍の義教が専制的な恐怖政治を敷き、そのために嘉吉《かきつ》の変で暗殺されたことはよく知られており、「悪しき御所」の風刺は決して的外れではない。だが、先例として義教を持ってきたのは、そこに信長なりの計算があった。じつは義教も、将軍直系が絶えた後に、僧侶から還俗して将軍に就いたのである。共通した経歴の持ち主である義教のレッテルを貼ることは、義昭の人格を否定することと同義であった。

足利義教像（東京大学史料編纂所所蔵模写）

冒頭の❶で兄義輝、最後の⓱で義教という、ともに暗殺された二人の将軍を先例とする。諫言の手法を取りながら、将軍としての適性や人格を徹底して攻撃する異見十七箇条が公然と流布された時、義昭側が相当に追い込まれたことは疑いない。

糾弾する信長の立ち位置

将軍としての適性を欠く「悪しき御所」に対し、縷々《るる》諫言をしていく信長。異見十七箇条は一方で、信長の正当性を主張する文書にもなっている。ではそこで、信長の立場は、どのように定義されていたのであろうか。

関連するのは❷である。

❷諸国へ御内書を出し、馬などを所望されているのは、見苦しいので遠慮されるべきでしょう。もし御内書を出さざるをえない事情があれば、信長に伝達されれば副状を出すことを以前に申し上げ、義昭様にもご納得いただいたはずです。しかしそれもなく、遠国へ御内書で用事を命じているのは、以前の約束に反しています。どこかに名馬があるとの情報を義昭様が得たならば、信長が馳走して進上すると何度も申し上げてきましたが、私を通さず内密に御内書を出されるのは適切ではないと考えます。

（【史料28】異見十七箇条写）

これは、前章で見た永禄十三年正月の「五ヶ条の条書」第一条を踏まえた内容である。将軍義昭と諸大名との関係で、信長は副状を出す人物として位置づけられている。だが注意しなければならないのは、信長が副状を出す対象である。「五ヶ条の条書」では、信長に関連する事情に応じて必要があれば信長に連絡する（「子細あらば、信長に仰せ聞かせられ」）というものだったのに対し、異見十七箇条では、御内書を出さざるをえない事情があれば、信長に伝達されれば副状を出す（「仰せ付けられ候はで、叶わざる子細は、信長に仰せ聞かせられ、副状を仕るべき」）とある。本来、信長の関与しない宛所には副状を必要としなかったものが、ここでは、すべての御内書に副状が必須であると記されているのだ。

しかし既述のとおり、そのような文脈で「五ヶ条の条書」第一条を読むことには無理がある。考えられるのは、この約四年の間に信長の副状発給について新たな取り決めが結ばれたか、あるいは、そもそも信長と義昭とで認識が異なっていたかのどちらかであろう。

これ以上は史料がないため不明とせざるを得ないが、前章で触れた元亀三年の大友宗麟の上洛計画の際にも、信長は遠国との通交に政治的効果を見出しつつあった。義昭から諸氏への自由な御内書発給に対して、信長は異見十七箇条で以前の取り決めを拡大解釈させて、自身の関与が既成事実であると主張したかったのではないだろうか。信長と義昭との認識の違いを巧みに利用したのである。

諫言という体裁を取りながら、じつは非常に政治的な宣伝文書である異見十七箇条の読み方としては、糾弾される義昭の人格だけでなく、信長の主張意図をも汲みながら解釈していく必要があるのではないだろうか。

二条城と武田信玄

興味深い異見十七箇条を読むのに頁を割いてしまったが、義昭が「色を立て」た後の動きに話を戻そう。信長と義昭の交渉において、信長は恭順の意を示し義昭側の要求に従う姿勢を見せている（「細川家文書」『大日』十―一四、天正元年二月二十六日条）。信長の使者は二月十五日には上洛しているが（「年代記抄節」）、義昭は並行して十七日から二条城の堀普請を始めている（「兼見」元亀四年二月十七日条）。この普請では三月になって祇園《ぎおん》社などから大木を徴発しており、本格的なものだったと推測される。信長の関知しないところでの城普請は、籠城して武力抗争も辞さない姿勢の表われで、もっとも鮮烈に「色を立て」たことを示すものであろう。この間も信長は、交渉中は「君臣」の間柄であるとして低姿勢を貫き、娘を人質に差し出そうとしたが（「細川家文書」『大日』十―一四、天正元年二月二十六日条）、義昭はこれを拒絶し、ついに三月七日、信長は将軍の「敵」であると公言するに至った（「公卿補任」『大日』十一—一四、天正元年三月七日条）。義昭は浅井長政・朝倉義景のほか、武田信玄や本願寺、三好義継・松永久秀といった諸氏と連携し、明確に反信長派へ転じたのだった。

この頃、信長が上杉謙信に送った書状には次のようにある。

最近の二条城の普請は将軍義昭さまの心変わりによるもので、じつに心外、嘆かわしいことです。将軍の行動は去年から種々さまざまに道を外れたことばかりで、外聞をも顧みない有様です。すでに洛中洛外の寺庵・僧坊・町人たちまで苦労をしています。こんな調子では、天下は破滅であると万民が迷惑しています。まったく常軌を逸しています。永禄十一年に信長が義昭さまと入洛をしてから月日も経っていないのに、このような有様では、信長の忠功も水の泡と消えてしまうので、意見を申し上げました。しかし、無道を好む奸智にたけた人々の意見を容れて、このほど信玄を味方にしてしまいました。是非ないことです。一度はお考え違いをしても、信長からは何としても説得するつもりですし、たとえご納得いただけなかったとしても、さしたる問題ではないでしょう。

（【史料29】〔元亀四年〕三月十九日付け上杉謙信宛て織田信長書状）

このように義昭の信長との断交は、二条城の普請として表面化したものだった。城普請が、もっとも鮮明に義昭の政治姿勢を示しているのである。さきほどの異見十七箇条の❹では、二条城からの重宝搬出を咎《とが》めていた信長だったが、ここでは城普請に頭を悩ませているのだ。謙信に宛てて「このような有様では、信長の忠功も水の泡と消えてしまう」と嘆く文章も、異見十七箇条の❹「そのようであれば、信長の辛労も水の泡となります」と重なる。やはり、今に伝わる異見十七箇条の文章は、義昭が「色を立て」た後のものとしたほうがいいだろう。

一方、広範な諸氏との連携を進めている義昭は、三月二十二日になって毛利輝元に連絡を取っている。そこでは信長と断交し二条城を堅固に修築したこと、朝倉氏以下の反信長勢と連携していること、今が「当家一大事」なので毛利氏らの参陣を待ち望んでいることが記されている（「徳富猪一郎氏所蔵文書」『大日』十―一四、天正元年三月二十二日条）。前年十月まで公言していた「四国御退治」はすでに消し去られており、信長との対立のために、諸氏との連携が組み換えられたのである。

敵と味方に分かれた信長と義昭にとって、戦況を占う大きなカギは二つあった。一つは、西上作戦を続ける武田信玄である。武田軍が存在するかぎり、信長は美濃を離れることができず、畿内の反信長派は時間を稼ぐことができる。そしてもう一つは、二条城である。この時間を使って二条城の修築が進めば、義昭の籠城戦も可能となる。

しかし、武田信玄は病状が悪化したため、三河野田城から西に向かわず、武田領の信濃に帰っていった。信長は信玄の襲撃をかわしたのである。これにより事態は急展開を迎える。

上京焼き討ちと二条城

信長が軍勢を率いて入京したのは、三月二十九日のことだった。翌日には義昭の軍勢が、信長が京都に置いていた村井貞勝の屋敷を包囲しており、衝突は決定的になった。

信長は四月二日から、手始めに洛外の焼き討ちを行っている。この前日には吉田兼見に焼き討ちの計画を話しており、主だった住民には事前に連絡されていたのだろう。義昭の所業が信長との対立を引き起こし、そのために京都が焼き討ちに遭うことで、統治能力を欠いた将軍であると人々に見せつけるデモンストレーションであり、さらには義昭を交渉のテーブルに引き出すための威嚇である。

しかし義昭は妥協しなかったため、四日には上京の焼き討ちが実行された。さすがに天皇の住まう内裏は類焼しないように配慮されたが、二条より北は全焼となる（「兼見」同日条）。火は二条城の堀まで及んだというが（「年代記抄節」）、それでも義昭は信長との和議を結ぼうとはしなかった。

翌日になって正親町天皇が調停に乗り出すことで、双方の交渉が始まる。信長は八日に京都を出立し、義昭側との和平交渉が続けられた。交渉内容は史料を欠いているため不明であるが、噂では、義昭が二条城を出て山城の槇島《まきしま》城に移り、実子（義尋）を事実上の人質として差し出し後継とするそうだ、という情報が流れている（「兼見」元亀四年四月十三日条、『上杉』六三四）。落としどころを見出し、最終的に和平が締結したのは二十七日のことで、双方の家臣が起請文を交換している。ただこの起請文では、双方による和平内容の遵守だけでなく、幕臣らも信長に「逆心」を抱かない旨を誓約しているのが注目される。この間の反信長の動きを焚き付けてきた首謀者が幕府内部にいたことを示すものであり、その結果である和睦によって、信長は幕臣から見て義昭に次ぐ上位者であることが明記されたのである。

しかし義昭は、和平交渉の最中も変わらず二条城の普請を続けた。普請の人足を吉田兼見らに課し、四月二十一日には二条城の天守を、二十八日は堀の普請を行っている（「兼見」元亀四年四月二十一・二十八日条）。六月にも吉田社の松を徴発しており（「兼見」元亀四年六月八日条）、城の修築に余念がなかったことが分かる。この間、五月十三日に義昭は武田信玄に宛てて「天下静謐の馳走」を命じ、同時期に本願寺にも武田・朝倉といった反信長派との連携を画策しており、本願寺からは「天下静謐」を命じるよう依頼されている。いまだ義昭は反信長派との連携を解消していなかったのだ。二条城の修築と反信長派の連携が継続されている点からすれば、この時期の義昭と信長は、表面上は和平を結んでいるとはいえ、実態は冷戦状態にあったとするのが適切であろう。

その頃、信長は佐和山《さわやま》城に滞在を続け、琵琶湖で巨大な船を建造していた（『信長公記』巻六）。京都の城普請と近江の船普請と、お互いの動きを睨みながら、それぞれが軍事のための造作を進める緊迫した時間が流れていた。

二条城の落城

義昭が毛利輝元に、信長との和平が破談となったことを告げたのは六月十三日である（『吉川』四八二）。翌月三日、義昭は二条城を出て、宇治近郊の槇島へ向かった。当時の槇島は巨椋池《おぐらいけ》に浮かぶ島で、そこにある幕府奉公衆の真木島昭光《まきしまあきみつ》の居城に移ったのである。この一報を聞いた信長は、急ピッチで建造させていた大船に軍勢を乗せて早速上洛を果たすと、同月十二日に、主を失った二条城を守っていた奉公衆の三淵藤英を降した。二条城は落城したのであり、信長軍に接収され破却されたという（「兼見」元亀四年七月十二日条）。

そのまま信長軍は南下し槇島城の攻略に着手した。交渉の末、二歳の若君（義尋）を信長に差し出すのと引き換えに、義昭は槇島城を出て、三好義継の押さえる河内若江《わかえ》城に落ちていった。これまでの経緯を義昭自身は毛利輝元らに宛てて、次のように説明している。

このたび、このまま京都で安泰でいるには、信長との不和が尾を引いており、本願寺をはじめとした味方の諸氏から（信長への）疑念が晴れていないとの報告があったので、槙島城に居を移した。すると、幕府の奉公衆らが織田方の調略により切り崩され、さらには実子（義尋）まで無理矢理に奪われてしまった。言語道断である。今は若江城に逗留している。

（【史料30】〔元亀四年〕七月二十四日付け毛利輝元等宛て足利義昭御内書）

信長に幕臣たちを切り崩され、実子をも人質に奪われ、槙島城から追われたにもかかわらず、表向きの公式見解では義昭は降伏していないことに留意したい。義昭自身は将軍職を辞したわけではなく、まだ一部の幕臣たちも付き従い、なによりも本願寺ら反信長派（「味方」）の盟主なのである。『信長公記』では「自滅」した「貧乏公方」としてその逃げ落ちる様子を悲劇的に語っているが、同様の表現は天正《てんしょう》十年（一五八二）に起きた武田勝頼《かつより》の滅亡でも見られるもので、主人公である信長への敵対者を痛罵《つうば》している文飾とすべきであろう。槙島城を退去した後の義昭は、将軍として、なおも固有の政治的価値を持ち続けていたと考えられる。

通説では、この元亀四年（一五七三）七月をもって室町幕府は滅亡したとされるが、その一方では以後も消えることのない義昭の存在感を評価して、なおも幕府が健在であったとする見解がある。たしかに義昭は依然として将軍職にあったとはいえ、京都の施政権を失った政体を幕府と同等のコピーと位置づけるのは躊躇《ちゆうちよ》を覚える。過剰に評価することなく、退去後の義昭の位置づけを探っていくことが、今後必要になってくるのではないか。

天下を捨て置く

次に、将軍不在となった京都に目を転じてみよう。信長は毛利輝元に宛てて、二条城接収直後の様子を次のように伝えている。

（義昭がどこかに）逗留しているとの情報は不正確で、きっと遠国にでも流れ落ちて行ったのではないでしょうか。じつに嘆かわしいことです。想定外の二条城退去を引き起こした甲斐の武田信玄は病に倒れ、越前の朝倉義景もさほどの動きが取れないでしょう。ほかの諸氏も取るに足らないものですから、義昭は思うような戦略が取れないはずです。このような状態で、しかも天下を棄《す》て置かれたため、信長が上洛して京都を平穏にしました。将軍家のことは、諸氏の決定に任せるばかりです。

（【史料31】〔元亀四年〕七月十三日付け毛利輝元宛て織田信長書状案）

義昭の行く先は「遠国」だろうとする文章は、畿内には義昭の居場所がないこと、すなわち天下は信長の勢力が優勢であると誇張して語るものであろう。ただ、義昭の行動を「天下を棄て」たものとする文章は、前述の異見十七箇条とも沿うもので、将軍としての適性を欠くことを強くアピールする説明である。その将軍家の始末についても、信長は決定権を持たず、諸氏の意見に従うという。実際には、後継候補となる実子（義尋）を掌握している信長が有利な立場にあるのは間違いないのだが、それも本願寺ら反信長派との戦況次第であり、予断を許さない状況にあった。

ただ信長としては、義昭が反信長戦線に身を投じて旗振り役となるのは好ましい状態ではなく、穏便に京都へ連れ戻す可能性を探っていた。義昭は毛利氏を動かして反信長派に引きずりこもうと画策するが、武田信玄の病死は公然の事実となり、八月には朝倉義景が滅亡したため、政治情勢は信長優位へと大きく変わっていた。いまの義昭と手を結んだところで、毛利氏にとってプラスになることは何も無い。毛利氏は、かえって信長側に義昭帰洛に向けた交渉促進を依頼するほどだった。

毛利氏を代表して交渉に臨んだ安国寺《あんこくじ》恵瓊《えけい》の書状には、堺で羽柴秀吉《はしばひでよし》らとともに義昭の説得にあたった経緯が記されている。それによると義昭は、信長側からの人質提出を条件に帰洛すると回答した。しかしこれに秀吉が反発し、「義昭は行方不明になった」と信長には報告するから好きなところへ行けばよい、と言って大坂に帰ってしまう。残された恵瓊らは必死に義昭の説得を試みるが、条件を変えさせることはできなかった。その後、行き詰まった義昭は紀伊の宮崎浦《みやざき》へ忍んで落ちていった。信長も放置しておくだろうし、まずは義昭が毛利領国に来る可能性も消えたので安心であると書き送ったのが、十二月十二日のことである（『吉川』六一〇）。

こうして嵐のような元亀四年が終わる。年明け早々からの信長との不和に始まり、反旗と和睦交渉を繰り返しながら、動けば動くほど義昭の立場が悪くなっていく一年であった。もともと異見十七箇条で「不吉」とされていた元亀の年号は、義昭を追放した直後の七月二十八日、信長から朝廷への支援によって「天正」と改元された。朝廷に奉公し、将軍に代わって改元を担い、天下静謐を担当した信長は、ここに天下人となる［金子二〇一四］。

将軍から天下人へバトンが渡ったところで本書の幕を閉じてもいいのだが、いま少し、義昭の行動を追いかけてみたい。というのは、怒濤《どとう》の元亀四年を考えるヒントが、そこに隠されているように思われるためである。

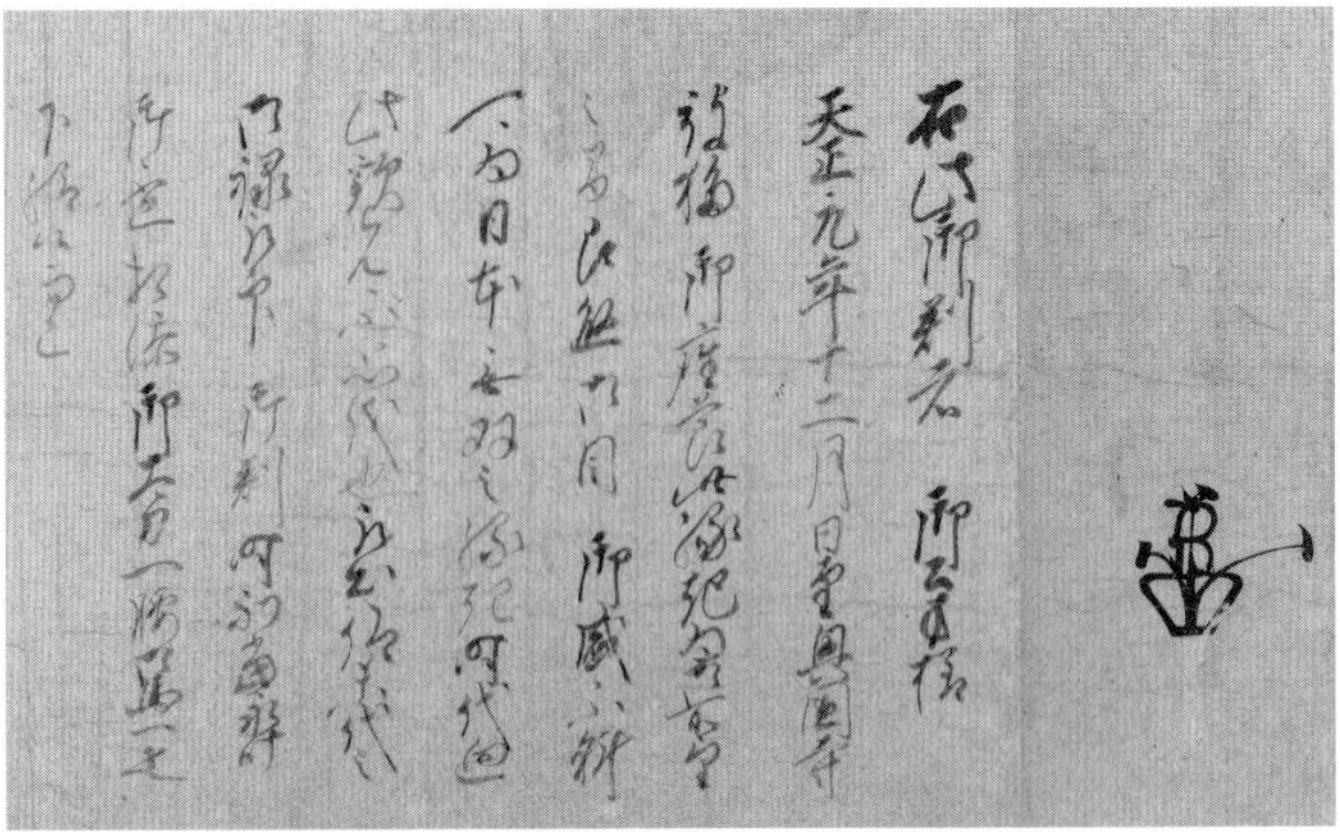

興国寺に滞在中の義昭の花押が確認できる道成寺縁起（道成寺蔵）

謎の花押

秀吉から帰洛交渉を打ち切られ堺を旅立った義昭は、紀伊の由良《ゆら》に向かい、興国《こうこく》寺に滞在したという。ここから諸氏に向けて自分の支援を頼む御内書を数多く出しており、天正二年（一五七四）二月から三月にかけて、紀伊の熊野《くまの》社や伊予の河野氏、越後の上杉氏などに宛てたものが残されている。おそらく、より広範な諸氏に、反信長派になるよう連携を呼びかけていたものだろう。

そんな乱発されていた義昭の御内書のうち、ここでは日付の近い三通（A・B・C）に注目したい。

▼御内書A

その方面では大坂・高屋など方々に調略をし、油断なく苦労しているとのこと、とりわけ喜ばしく思っている。そのためまた御内書をしたためた。ますますの尽力を頼む。それに関して、私が河内方面に居を移すのを、できるだけ急ぎたい。信長が摂津・河内方面に進軍するとの情報は願ってもないことなので、信長軍を引きつけておく戦略を練るように。信長軍の撤退後に私が出向いても面白くない。今こそ精一杯その準備をするように。いい知らせを待っている。次に豊後（もしくは豊前）から武田刑部太輔《ぎょうぶたいふ》の報告は結構なことである。早急に九州へ下る使者を整え、本願寺や武田氏と連携しうるよう伝達せよ。また、西国への御内書を書いたので送る。薩摩では喜入季久が対応するとのことなので連絡を密にするように。詳しくは真木島昭光から述べさせる。

（【史料32】〔天正二年〕四月十四日付け一色藤長宛て足利義昭御内書）

▼御内書B

京都で不慮の事件が起きたため、紀伊に逗留している。だが、各方面に調略を進めているので、私の願いも近々実現するだろう。このたびの忠節は喜ばしく思う。その返礼として江月斎を派遣する。詳しくは一色藤長・真木島昭光から述べさせる。

【史料33】〔天正二年〕四月十四日付け島津義久宛て足利義昭御内書

▼御内書C
なんども御内書を出したように、本願寺が挙兵したからには急ぎ高屋近郊まで出向くつもりで、今もその覚悟に変わりはないが、油断しているのではないか。ついては信長軍が摂津・河内に進軍するとの風聞がある。願ってもないことなので、信長軍と対戦したい。信長が撤退した後に私が出向いても、意味がないのだ（中略）。

（追伸）大坂・高屋の戦略は、急ぎ一〜二日のうちに決定し、連絡するように。どちらも進展しないようなら、どちらかだけでも決めるように。

【史料34】〔天正二年〕四月十五日付け一色藤長宛て足利義昭御内書

簡単に背景を説明しておくと、天正二年四月、小康状態にあった大坂の石山本願寺と信長の関係が崩れ、三好康長《やすなが》らは河内高屋城を拠点に、本願寺と連携して反信長の兵を挙げた。この時、義昭側近の一色藤長も大坂方面にいて、反信長派の調整にあたっていたものと考えられ、そのため御内書AとCが同様の文面になっている。並行して、義昭は九州方面の調略を進めていたことが御内書Aにあり、前章で見たように上洛経験のある喜入季久（島津氏家臣）を頼って、島津義久にも連携を呼びかけていたのが御内書Bである。

このように、時期的にも内容的にも、三通は義昭の御内書として不自然なところはないのだが、ただ一つ、大きな難問がある。御内書BとCには当時、義昭が使っていた花押が据えられているのに対し、御内書Aだけが、まったく別の花押になっているのである。このため御内書Aを別人の文書とする見解もあるが［金子二〇一五］、御内書B・Cと内容が重なっているので他人の文書とするのは難しく、しかも三通とも筆跡はよく似ており、筆者の目には同一人物の手になるように思われる。やはり三通とも義昭が出した御内書であるとの前提に立って、この謎の花押を考える必要がある。

同じ義昭が出したものでありながら、御内書Aだけに別の花押が据えられた理由を、内容が重なる御内書Cと読み比べて考えてみよう。すると、一日違いでほぼ同内容であるにもか

御内書 A

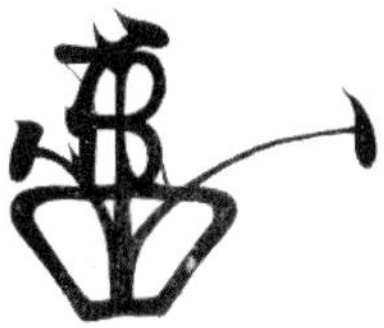

御内書 B

御内書 C

3通の御内書の義昭花押

かわらず、御内書Aは一色藤長との事務連絡であるのに対し、御内書Cは一色藤長宛てでありながら、第三者（具体的には本願寺や高屋城の軍事計画を立てている人物）に見せるため勇ましく誇張された文飾がされていることに気づく。側近宛ての御内書Aに対し、御内書Cが外部の第三者に見せるものだとすれば、花押が御内書Bとも共通するのは不自然ではない。

ここから、天正二年四月ごろの義昭は、内々の宛所に対しては御内書Aの花押を、外向けには御内書B・Cのような一般的な花押を使用していたことが分かるのである。

義昭の代替わり

御内書B・Cはこの時期の義昭が一般的に使う花押で、永禄十二年の権大納言補任を機に改められた公家様花押である。代々の足利将軍は権大納言になると位階も三位に昇進するため、花押を公家様に改めている。ただ義昭の兄義輝は権大納言にならず、つまり公家様花押を持たなかったので、義昭は権大納言となった父義晴を先例とし、公家様花押を使ったのであろう。では、御内書Aの花押はどのように理解できるだろうか。

御内書Aの花押のタイプを義昭に近い人物から探っていくと、上島有氏が「義晴花押Ⅲ」と名付けた、義晴晩年の花押Ⅲ型に似ている［上島二〇〇四］。義晴は天文五年（一五三六）

足利義晴の花押Ⅲ型
（天文６年12月29日付け足利義晴御内書「曼殊院文書」影写本）

足利義晴像（帝室博物館蔵、東京大学史料編纂所所蔵模写）

八月二十七日に行った判改《はんあらため》により、それまでの花押Ⅱ型からⅢ型へと切り替えたのであった。そして注目すべきことは、その同じ日に義晴は、「まじない」のためとして生まれたばかりの若君に「御代」を譲るとともに、大館常興《おおだてじょうこう》ら側近数人を政務諮問と将軍補佐のための内談衆に編成したのである（「鹿苑日録《ろくおんにちろく》」天文五年八月二十九日条）。この時の若君は成長して後の足利義輝となるが、当時は同年三月に生まれたばかりの乳《ち》飲《の》み子《ご》にすぎない。義晴は将軍の座にありながら、男児誕生を名目に自身が形式的に隠居することで幕府政治の刷新を断行したのであり、その意気込みをⅢ型花押に表わしたのであろう。以後、義晴が近江坂本に動座する天文十年までの間、内談衆に支えられて将軍親裁が機能し幕府政治はしばらくの安泰を見せるのである。

　充実した父義晴の治世は、義昭の周辺でも語り継がれていたのだろう。義昭は権大納言になった時点で、官位の上では兄義輝を超えたため、儀礼的な先例は父義晴に求められていたはずである。その義昭が父義晴のⅢ型花押を模倣した花押を使っていたということは、そこに、義晴と同じ状況の変化を想定しうる。つまり義昭は、天正二年四月の段階で、息子の義尋への代替わりを予定していた可能性が高いのである。もちろん、義尋は信長の保護下に置かれているため、義晴のように「御代」を譲ることを公言できなかったのだが、自身が隠居のポジションに一歩近づくことで、政略の選択肢を広げようとしたのではないだろうか。

これまでの研究で義尋の存在はそれほど重視されてこなかったが、義昭が、自分の正当な後継者として義尋を位置づけていたことを念頭に置くと、二条城が落城する元亀四年七月以前の混迷した政治史も説明しやすくなる。四月の段階で、義昭は義尋を信長に差し出し、自身は二条城を退去するという情報が流出していた(『上杉』六三四)。この時から義昭の行く先に予定されていたのは槙島城であり(「兼見」元亀四年四月十三日条)、先代(義昭)は槙島城に、義尋は二条城に、それぞれ居を構える構想が信長との和睦交渉時に固まっていたと考えられる。その計画が実行に移されたのが、七月の挙兵になる。義昭は槙島城に義尋とともに入ったようなので義昭有利に計画が読み替えられてはいるが、これも、後継者義尋の存在とその確保が政局のカギとなっていたことを示している。

さらに深読みをすれば、義尋が生まれた元亀三年八月以降、義昭と信長の関係が目に見えて悪化していったのは、決して偶然ではあるまい。男子が誕生し、自分の地位を継承させる人物が出現したことで、それまでの信長との協調方針から、関係を整理する方向へと転じていったのではないだろうか。元亀三年後半からはじまる政局の奔流は、これまで武田信玄の存在感ばかりが強調されてきたが、生まれたばかりの義尋の存在もまた、義昭の行動を大きく制約してきたと考えられるのである。

そのように考える根拠となるものは、たしかに義昭の花押一点だけである。しかし義昭が、外向けには依然として在京時と変わらない花押を使いながら、内々には代替わりを意識した花押を使っていたこととの意義は小さくない。

そしてこの天正二年四月以降、義昭の諸大名らに対する御内書発給は、急激に低調になっていくのである。あるいは義昭は、義尋が信長の手によって将軍職に就くことを夢想していたのかもしれない。想像の限りではあるが、天正二年から三年にかけて義昭が沈黙していく理由として、蓋然性を持つのではないだろうか。

信長の代替わり

では、義尋というカードを手にした信長の動きに目を転じよう。天正元年十二月、安国寺恵瓊はすでに義昭が行方知れずになったからには、新年のあいさつは信長と義尋にするべきであると毛利氏に報告している（『吉川』六一〇）。正当性は義尋とともに信長側にあり、というわけだ。その信長自身も、同時期に奥羽の伊達輝宗に宛てて、次のような説明をしている。

さて「天下の儀」は、すでに聞き及びのように（信長が）足利義昭の上洛に供奉し、義昭は京都で平穏に過ごされ、静謐が数年続いていた。すると甲斐の武田信玄・越前の朝倉義景ら諸侯の奸智にたけた者一人二人が義昭を唆《そそのか》し、将軍の統治を妨げ、義昭は「御逆心」を企てられた。仕方ない仕儀で無念なことなので、なんとか翻意してもらおうと信長が上洛したところ、若公（義尋）を渡して京都を退却された。紀伊の熊野あたりに流れ落ちたとのことである。また武田信玄は病死した。朝倉義景とは近江と越前の国境で八月に一戦を遂げ、短時間で勝利を収め、首三千余りを討ち捕り、そのまま越前に攻め込み、義景の首を刎ね、越前一国を平定したところである。

〔【史料35】〔天正元年〕十二月二十八日付け伊達輝宗宛て織田信長書状〕

義昭が去り、武田信玄も朝倉義景も消え去ったことで、「天下」は、義尋を擁する信長の差配するところとなった。省略した書状の後段では続けて、来年に武田攻めを予定しており、さらに関東の平定時には伊達氏と連携したいとも記す。前著［黒嶋二〇一八］で注目したように、自分の武力による成果を殊更《ことさら》に強調して語るのが天下人の特性である。これ以前から遠国を意識していた信長は、義昭が京都から姿を消したことで、各地に向けて自身の武威を積極的に発信するようになったのだ。

ただ、予告した武田氏攻めは遅れてしまい、結果的に二年後の天正三年（一五七五）五月に起こる長篠《ながしの》の戦いになった。周知のように武田勝頼の軍勢は長篠で大敗を喫し、勝者となった信長は政治的な地位を高めていった。天正三年は信長にとって大きな飛躍の年となり、軍事的な成功を収めた信長は、その武威を語るうえで、大きな果実を手にしたのである。

信長は抵抗勢力との戦いを天下平定戦と位置づけ、天下人の仕掛ける戦争には公戦としての側面があると主張して、遠国の諸氏をその戦略に巻き込もうとしていく。

長篠の戦いとその後の越前平定の高揚感のなかで、信長は天正三年十一月に嫡男信忠へ家督を譲り、織田本領の尾張・美濃と本拠の岐阜城を信忠に渡した。しかもその直前、信長は朝廷から権大納言・右近衛大将《うこのえたいしょう》に補任された。どちらも室町幕府の政治史のなかで将軍が任官してきた重要なポストであり、とくに右近衛大将への補任は足利家の代替わりを象徴するものと認識されていた［橋本二〇〇五］。前述のように、義昭は永禄十二年に権大納言となって公家様花押の使用を開始したが、右近衛大将補任は先送りされたままであった。信長は、公家様花押こそ使わなかったものの武家官職において義昭を超越したのであり、その後継者は信忠であることが公に宣言されたに等しい。

この時、義尋が室町幕府十六代将軍になる可能性は消滅したのである。

城破れて天下布武

信長の権大納言・右近衛大将補任は、さまざまなところに政治的影響を及ぼした。それまで、潜伏したかのように身を潜めていた義昭が、天正四年（一五七六）正月に毛利氏のもとに迎えられ、備後の鞆《とも》に移ったのである。しかも義昭は、ふたたび諸大名らに宛てて、自身への支援を求める御内書を盛んに送るようになる。その花押は公家様花押の変形であり、つまりは自分自身が現役の将軍であることを喧伝しているのにほかならない。義昭の動きが前年までの沈潜から一転して積極的になる理由は、なによりも義尋の将軍就任の可能性が少しでもある間は、活動を封印せざるをえなかったということなのであろう。

同じ天正四年正月から、信長は安土《あづち》城の築城を開始する。織田家当主の居城である岐阜城には信忠が入り、岐阜と京都の間にある安土を自身の居城としたのである。安土城は、とくに五重六階とされる高層の天主に代表されるように、信長の権力を象徴する城郭として急ピッチで築城・整備が進められた。

安土築城に際して、京都では面白い現象が起きている。義昭の出京後も二条城に残されていた「西之御楯」や「南之御門」「東之御門」が天正四年九月に解体され、安土城で再利用するために運び出されたのである（「言継」天正四年九月十三日・二十四日条）。義昭が槇島城に退去した天正元年七月、落城した二条城は確かに「破却」され、京都の住民が思い思いに掠奪《りゃくだつ》したのだが（「兼見」同月十二日条）、それは部分的な破壊にすぎず、じつは主要な建物は残されたまま放置されていたことになる。安土への建物の移築後になって京都の人々が石垣や植栽を持ち出しているから、この時まで二条城は、おそらく信長側によって一定の管理下にあったものと考えられよう。将軍義昭のために信長が再造営した二条城は、安土築城に伴い、信長によって天正四年九月に破却されたのである。

こうした城郭の破却は当時の言葉で城破り《しろわ》（「城割り」とも）と呼ばれるもので、たんなる空き城の破壊ではなく、かつての城郭の主人が持っていた権威や権力を否定し、新たな体制下に置かれたことをみせしめるための、きわめて政治的な作法なのであった［伊藤・藤木二〇〇一］。目に見える形で城郭が持っていた権威性や政治性を傷つけ、城郭の主人の政治生命が絶えたことを周囲に示すのである。つまり二条城の城破りを実行することは、政治的な存在であった将軍義昭を明確に否定し、その権限が安土城の主である信長に移行したことを意味している。

逆にいえば、二条城が城破りを受けず信長の管理下に置かれている間は、主である将軍が不在ながらも、そこを京都の将軍の城として維持することに意味があったということだ。その詳細は不明だが、義昭が帰京する可能性、義尋が将軍に就く可能性の二つが二条城に担保されていたものと考えられる。かろうじて室町幕府の命脈が保たれていたわけであり、信長は城破りを実行するまで、そこに明確な回答を出さずにいたということだ。その意味で安土築城は、将軍を頂点とした体制から信長を頂点とする体制へと、武家政治を転換させる大きな意義を持ったのである。

前章で述べたように、信長の「天下布武」は、もともと将軍を頂点とする幕府政治を立て直し、それに抵抗する勢力を武力で討伐するものとして掲げられていた。しかし将軍と決別した信長は、それを自身に対する抵抗勢力の武力討伐へと読み替えていく。ただ、その読み替えは、義昭を京都から追っただけでは一挙には進まなかった。最終的には二条城の城破りを挙行することで、初めて、「天下布武」は名実ともに信長の権力を象徴するスローガンとなるのである。

終章　天下人へ継承されるもの

兄と弟

将軍義輝から義昭、そして信長が天下人となっていくまで、約二十年間の政治的な流れを追いかけてきた。本来であれば、安土城に移った信長が天下人として羽ばたいていくところまでを描きたいところではあるが、その様子を著した多くの優れた先行研究があり、本書と同じ視角では以前に著したところでもあるので［黒嶋二〇一八］、ひとまずここで幕を下ろすことにしたい。

まとまりのない話に終始してしまったが、簡単にまとめてみよう。地方の視点から義輝の政治を考えてみると、畿内の政局が混迷を深めていくのとは対照的に、遠方との通交は活発に推移したことが大きな特徴となる。しかもそれは、従来の室町幕府のような幕臣たちを使うやり方ではなく、義輝にとって使い勝手の良かった近衛家一門・将軍直臣など関係者を総動員して展開されたものだった。畿内の動乱のなかで幕府構成員たちが分裂を繰り返し、徐々にやせ細ったことによる致し方ない因果であるともいえるが、そうした苦境のなかで義輝は、遠国政策に活路を見出していたといえるだろう。将軍として彼らの紛争に介入し、超越した立場から当事者たちとのバランスを絶妙に取ることで中立性を維持していた。各地で領国を形成していた戦国大名たちにとって、将軍との関係は必要なものであり、しかも隣接するライバルが奉公に励めば、自分も手を抜くわけにはいかなくなる。義輝は彼らのニーズを把握しながら奉公のレースに参入させ、巧みに支援を引き出し、政権安定の一助としていたのである。

その後継者となった義昭であるが、たしかに義輝の政策をコピーした側面はあるものの、多くの場面でその再現には至らなかった。超越して公的な中立者になるよりも、むしろ自身の戦略における一つのコマとして大名たちを動かすことを重視しており、軍事的な同盟者を作りあげる方向へ心血を注いだためである。この点で義昭の政策は、「天下静謐」を掲げて抵抗勢力との衝突に突き進んでいく信長の戦略と一致しているのである。しかもそれは、畿内での対立関係を煽る方向へ作用した。元亀年間に加速した反信長派形成の機運のなかで、ついに幕府内部にも賛同するものが現れた時、義昭はそれを制御することができないまま、なし崩し的に自身も信長と敵対する道へ分け入っていくのである。

混乱に拍車をかけた義昭は、「将軍」として役者不足であったのも否定しがたい事実である。しかも、いわゆる普通の将軍ではなく、義昭とその幕臣たちは代替りの徳政を推進しており、天性の「徳」を備えた「将軍」を演じていかなければならない時期であった。しかしその点で、義昭の配慮が行き届いていたとは言いがたい。朝廷との関係、大名との関係、寺社との関係、いずれも円滑だったとはいえず、裁判への対処、金品への執着など、「将軍」には不適格なマイナス要素ばかりが目について異見十七箇条で批判されることとなる。理想の「将軍」像が大きければ大きいほど、現実の義昭の姿は、人々の目には「将軍」の劣化コピーにしか見えなかったことだろう。

信長と天下布武

そんな義昭であったが、上洛の翌年に権大納言となって義輝の官位を超えた頃から、将軍の手本としていたものは、じつは父義晴ではなかったのだろうか。義晴は動座と還京をくり返しながら、六角定頼や細川晴元といった大きな勢力の上に立ちつつ、将軍親裁を実行し幕府政治を安定させ、最後は自分の嫡子義輝に将軍職を譲り大御所となっている。義昭も、かりに信長と反発して動座したところで、しばらく時間が経てば、父義晴や兄義輝のように京都に帰ることができるはずだ。そう高をくくっていたのではないだろうか。

しかし、義晴・義輝が動座しながらも京都に返り咲くことができた背景には、たんなる外戚にとどまらず、京都方面との交渉や調略において実力を発揮した近衛家の存在が不可欠であった。ところが義昭の場合、近衛家当主の前久は義昭に反発して京都を不在にしており、正室を近衛家から迎えることができなかった。代わりに義昭は五摂家の一つである二条家と結びつくものの、それは義晴・義輝と近衛家との関係ほど濃密なものとはならず、朝廷側の人脈として機能していたかは疑問が残る。義昭が朝廷と太いパイプを築いていたならば、異見十七箇条であれほど非難されることもなかっただろう。

そんな不首尾も災いしてか、義昭は元亀四年七月に二条城を離れた後、信長の存命中に京都に戻ることはなかった。ここに将軍還京の歴史は途絶えるのであり、この点でも信長は、それまでの畿内では登場したことのない、新たなタイプの実力者であった。もちろん、義昭の出京と前後して武田信玄や朝倉義景といった反信長派の頭目が死滅するという偶然に助けられた部分もあるが、それ以上に信長の登場によって、将軍の優位性に疑問符が付いたことが大きかったものと思われる。軍事的な同盟者を作りながら「天下静謐」の戦いに邁進していくそれまでの信長と義昭は、ある意味で一心同体であった。義昭ならではの属性は「将軍」であることであり、信長は既成秩序において位置づけられる明確な指標を持たなかったため、両者はそれぞれの役割を果たしていくうえで協調していく必要があった。だが、義昭は「将軍」としての適性を欠くことが白日のもとに晒され、それにもかかわらず積極的に自身が戦場に出て敵と味方の色分けに執着する。公的な中立者としての役割を、義昭みずからが放棄したも同然なのである。

一方で信長は、軍事的な実力を徐々に高めていき、「天下静謐」の戦争を遂行していく。上洛した当初の「天下」は天皇と将軍義昭を上位者とした室町幕府の政体とその支配下の畿内を指し、その支配を維持・安定させるために抵抗勢力との戦争が無い状態を「静謐」としたが、義昭との決別後は、天皇を頂点としつつも、信長自身が中心となる「天下」の「静謐」へと意味合いを変えていった。

そもそも天皇や公家たちは、義昭と信長の上洛時から、信長を歓迎していた。新たな「天下人」が出現したとき、その人物に「将軍」の代行者となるべく人々が期待をしていったのは当然といえるであろう。

義昭も信長も継承できなかった義輝の政治

ただし、前著でもふれたところだが、信長の「天下静謐」は軍事的な観点からの戦争が無い状態を意味するもので、敵対勢力を撲滅させるためのスローガンとして使われている側面が多分に強い。為政者による「静謐」には本来、秩序を安定させるとともに、その後の権利保障や徴税などといった統治のための諸政策が付いてくるものであるが、そうした作業に信長が熱心であったとは言いがたい。わずかに、天皇・公家の所領回復政策に「静謐」の片鱗がうかがえるものの、新たに信長領に組み込まれた地方においては、戦争後の「静謐」が大きく語られることはなかった。「静謐」がそうした政策的な実態を伴うようになるのは、次代の天下人となった豊臣秀吉の時期以降のことと考えられるのである。「天下静謐」を掲げながらも、信長の場合は軍事的な「静謐」に止まる点は、注意しておく必要があるだろう。

同じことが大名たちへの和睦調停についてもいえる。「天下人」となってからの信長も和睦調停を行ってはいるものの、たとえば大友宗麟と島津義久との間の仲介が敵対している毛利氏対策のためであったように、自身の戦略上に必要な場合に限り調停が進められた。それは第三者に徹して中立的な立場から推進された調停ではなく、ことごとく信長の戦争を有利に進める戦術としての調停であったのである。この点では、義昭の和睦調停と大差はないのだ。

結局のところ、義輝が進めたような和睦調停のあり方は、義昭も信長も継承できなかったということになろう。和睦調停に限らず、自分の戦争のために地方大名を動員することを優先する姿勢がここからはうかがえるのであり、軍事的な強者となって抵抗勢力に立ち向かうことが重視される地方政策となる。そもそも義輝には大名を動員するほどの大規模な戦争を遂行しうる機会がなかったといえばそれまでであるが、しかし、それだからこそ、地方大名に対しては客観的な中立者として振る舞うことができたともいえるだろう。義輝の政治が持つ特徴として、一字偏諱や栄典授与を含めたトータルな地方政策の実態とその意味を追究していく必要がある。

「天下」の骨格となる「都鄙」の論理

先行研究が明らかにしつつあるように、戦国時代の室町幕府は畿内の支配さえ安定させることができず、それゆえに将軍家と幕臣たちは分裂を繰り返して縮小していき、徐々に空洞化していったのは事実である。しかしそこで、将軍だけが持つ固有の役割が消え去ったわけではない。義輝の幕府は畿内政権としてみれば強固な支配力を持っていたとは言いがたいものの、義輝自身は将軍として、諸国の大名たちの上位者となり、彼らの需要や地域の政情を冷静に分析して、なお関係性を保つことを重視していた。

その義輝は御内書などで「都鄙」という言葉を使っている。都と鄙が密接に結び付き、足利将軍を支える秩序として強調される「都鄙」の論理は、まさに義輝の「天下」の骨格であるといえる。いくつもの「鄙」と結びつくことで、「都」とその周辺は「天下」となるのであって、そうした結びつきを失った「天下」は一地方にすぎない。戦国時代というと地域に根差した戦国大名たちとその領国に目が向きがちであるが、それぞれの「鄙」が有機的に

「都」と結びつく様子に目を向けることで、この時代の社会を立体的に俯瞰して見ることができるようになるであろう。

義輝の政治を象徴するものが、義輝の「都」における拠点となった二条城である。足元の支配さえおぼつかないはずの義輝が、第一章で見たような規模の城郭を築くことができたのは、「鄙」からの支援によるところが大きい。たしかに地方大名との通交は手間も時間もかかるものであったが、義輝は手を尽くして丹念にそれを追究し、まがりなりにも結実させていた。「鄙」から届けられた名馬や鉄砲が集積され、武芸を司る将軍の居所としてふさわしい権威を持った城郭が、洛中に出現していたのである。

これを踏襲したのが義昭の二条城ではあるが、しかしその普請を担ったのは信長であり、信長は自身の軍勢を使って、軍役として短期間で仕上げる方法を取った。信長に支えられた義昭の幕府は、将軍自身だけではなく、その居所もまた、軍事的な性格を色濃くしていくのである。さらには将軍が反信長戦線に身を投じたことで、二条城は義昭によって放棄された。義昭と信長の「天下」を象徴する二条城は、両者が決別した戦争のなかで役割を終えたものといえそうだ。

信長は二条城を再興することなく、「天下人」の居城として新たに安土に築城し、高くそびえる天守閣は信長の武威を象徴するものとなった。だが、そこでの「鄙」とは、軍事的に信長に従属しているか否かという判断基準によって選別されたものにすぎない。日本の公的な支配者となるために「鄙」をどのように位置づけて統治していくべきか、その答えを出さないまま信長は本能寺に斃《たお》れてしまう。

義輝から義昭・信長へと至る全国的な政治史の流れのなかで、連続性と非連続性に目を向けると、二人の将軍の間に、むしろ断絶した要素が多いことに気づかされる。そのなかでも大きなものが、「都鄙」の論理であろう。義昭も信長も継承できなかった「都鄙」の論理は、戦国時代を考えるうえで一つのヒントを与えてくれるものとなるのではないだろうか。

おわりに

例年なら今頃は、散りはじめた可憐なソメイヨシノに代わって艶やかな八重桜の咲き誇る季節だ。とくに職場の前に咲く八重桜は程よく見事で、いつもこの季節を楽しみにしていたのだが、今年はそれが叶わない。新型コロナウィルス対策のため在宅勤務となった今は、狭い部屋のなかで、風に舞う桜吹雪を懐かしく思うだけである。

とはいうものの、もともと花を愛でるような感性とは無縁の性分ということもあって、去年の桜の印象が明確にあるわけではない。それどころかその頃を振り返ってみても、とにかく時間に追われていた記憶しかない。なにしろ我が家は、子育て中の共働き世帯、おまけに片方は長時間労働者ときている。朝七時前に「あとはヨロシク」と飛び出したかと思えば夜七時すぎまで帰ってこない妻の不在時間から、子供が保育園にいる時間を差し引くと、毎日四時間以上はワンオペ（一人の大人が家事・育児をすること）をしている計算になる。ワンオペだろうが、朝食・夕食を作り、子供に食事を摂らせ、掃除・洗濯をしながら子供の相手をするというメニューは決まっているのだから息つく暇もない。

それらのメニューを手際よくこなし育児に積極的にかかわる男性を、世間は「イクメン」と呼ぶ。周囲にも、家事の時間短縮をして上手く仕事と両立させている男性は多い。私も「もしかしたら流行りのイクメンになれるかも」などと甘い考えを持っていたのは事実だが、どんな仕事においても、効率化という作業は一定の技量を持つ人にだけ許される芸当なのである。独身時代に自分が死なない程度の家事で生き延びてきた人間が、うかつに時間短縮で料理をしようものなら、あとは推して知るべし。カレーライスの池に大坂城の蛸石《たこいし》のような巨大なジャガイモが鎮座していたり、天守閣の心柱《しんばしら》に使えそうな極太の大根がサラダに横たわっていたり……。子供の「今日は何が食べられるかなー」という何気ない一言に地味に落ち込みながら、はるか高嶺のイクメンを仰ぎ見るしかないのである。

そんな惨状を見かねた義母が支援を申し出てくれて、九月になって秋風が吹く頃に私のワンオペ生活は一段落したのだが、それまでの間は通常の仕事すら満足に進められず、子供が布団に入ってから持ち帰った書類を整えるのが精いっぱいだった。必然的に自分の研究は後回しになり、夏休みに書き上げて提出するはずだった本書の原稿は遅れに遅れてしまう。あのまま今もワンオペが続いていたら、本書は日の目を見なかったことだろう。何を措いても義母には感謝するしかないのである。

というわけで、時間的にはタイトな環境にあったが、本書の執筆は二十年ほど前に書いた拙稿をベースにしていることもあって、懐かしい記憶を呼び起こす楽しい作業でもあった。昔の文章には稚拙な表現や思慮の浅いところなど恥ずかしい部分はいくつもあるのだが、あらためて当時の構想を骨子として足利義輝と義昭の政治を考えてみたいと思ったのである。その刺激を与えてくれたのは、もちろん進展した最近の研究状況だけでなく、石原比伊呂氏・谷口雄太氏の報告を裏から拝聴することになった二〇一七年の歴史学研究会大会での経験や、高橋康夫氏の重厚な著書『海の京都』を書評する機会をいただいたことが大きく影響している。

そしてなにより、この風変わりなプロットを快諾してくださった平凡社と、同社編集部の坂田修治氏、その後任として諸事全般の面倒を見てくださった下中順平氏には心より御礼を申し上げたい。地方から見た戦国政治史として、本書は、この《中世から近世へ》シリーズに入れていただいた前著（『秀吉の武威、信長の武威』）の姉妹編にあたるが、こうした試みは一本の論文では無理な話で、選書スタイルというステージがあって初めて可能になるものだ。一度ならず二度までも、こんな贅沢な機会を与えられた幸運を、じつにありがたく思う。

その機会を十分に生かすことができたか、と問われれば、原稿提出の遅延も含めて忸怩たる思いもないわけではないのだが、今はただ、先行きの見えないなかで出版に向けて取り組んでくださる皆さんに感謝の意を表したい。さらには、この困難な状況が早く収束することを願うばかりである。

来年の桜は心穏やかに見られますように。

二〇二〇年四月十日

黒嶋　敏

史料編

本文において、二字下げで現代語訳を引用した史料の、該当部分を読み下しにして掲げる。活字刊行物による出典は【史料出典一覧】にある略称で示したが、東京大学史料編纂所所蔵の写真帳などにより、刊本とは一部読みを改めた個所がある。また当用漢字を基本とし、カタカナはひらがなに改めた。

【史料1】（永禄十一年）九月二十七日付け相良義陽宛て足利義昭御内書（『相良』五四二）

今度凶徒等退治せしめ、入洛を遂げおわんぬ、然れば、この節柳営申し付くるの条、諸国に至り殿料申し遣わし候、馳走に於いては、喜び入るべく候、その為、上野紀伊守（豪為）を差し下し候、猶藤孝（細川）申すべく候也、

（永禄十一年）九月廿七日　（花押）（足利義昭）

相良修理大夫（義陽）とのへ

【史料2】「兼右」永禄三年正月十日条

上意より御返事に云わく、今度御堀を掘られ、諸郷より御理を申すといえども、聞し食し入れらるべ

からず、堅く仰せ付けらるべきの通、三好筑前守（長慶）より申し入れおわんぬ、然れども、当所の事は各別の儀をなし候間、先規に任せ除かるるの旨、仰せ出されおわんぬ、

【史料3】一五六五年三月六日付けフロイス書簡（『イエズス会』二―六五）

公方様の邸は非常に深い堀で周りをことごとく囲い、一つの橋が架けられている。邸の外には三、四百名の高貴な兵士らと多数の馬がいた。司祭と私が中に入ると、すべての大身が我らを歓迎し、（我らは）しばらく一室で待ったが、これらの貴人は部屋の外に留まった。その後、司祭は件の老人とともに、さらに二部屋奥へ進み、そこで公方様が待ち受けていた。司祭が挨拶して戻ると、（今度は）私が入った。尊師に断言するが、ことごとく木で造られた家にして、これほど豪華で一見に値するものを私はかって目にしたことがない。というのも、公方様がいる部屋の障壁画（panos）はすべて金が塗られ、蓮と鳥が（描かれて）あり、これが甚だ美しさを添えているからである。また、部屋に敷き詰めた敷物、すなわち、ごく薄いマットは数多の技巧が凝らされ、窓の格子はかって見た中でも最良の様式のものである。外から三つ目の部屋にいた時、彼は（我らを案内した）内膳頭を介して、司祭がまとっていた外套が珍し、すなわち我らの国語で言う美麗なもの、であるため、それを見ることを欲する旨司祭に伝えた。外套は彼のもとに運ばれ、直に戻ってきた。それから或る部屋の中央にある別の戸が開かれると、同所に奥方が座っており、老人は彼女に沈香を贈った。我らは戸口で挨拶した後、老人とともに公方様の母堂の邸に行った。その家は同じ敷地内にあるが、ここは独立した別個の宮廷である。我らは三つ、四つの甚だ豪華に装飾された部屋を通った。

【史料4】（永禄二年）八月十三日付け大館晴光宛て大友義鎮書状写（「大友家文書録」『大友』二〇—四一八）

御内書畏みて頂戴仕り候、そもそも御殿の儀、馳走いたすべき由、仰せ下され候、その旨を存じ候、御入洛を成され、かくの如く仰せ付けられ候事、寔に千秋万歳に候、御治世の御下知、尤も目出べく候、よって御殿料として、先ずもって三千貫を進上せしめ候、委細歳阿言上あるべきの趣、然るべきよう御取合、御披露に預かるべく候、恐惶謹言、

（永禄二年）八月十三日　源（大友）義鎮　在判

進上　大館上総介（晴光）殿

【史料5】（永禄二年）九月十七日付け大友義鎮宛て大館晴光書状写（「大友家文書録」『大友』二〇—四六四）

鉄放の儀、仰せ下さる処、厳重に仰せ付けられ、御進上一段喜び思し食され候、但し、御本に相違の儀有るの間、重て御本を差し下され候、少も相違なき様仰せ付けられ、急度御進上候はば、弥よ御祝着たるべきの通、能々申し入るべき由、仰せ出され候、猶勝光寺御申有るべき旨、貴意を得べく候、恐々謹言、

（永禄二年）九月十七日　上総介（大館）晴光　在判

謹上　大友新太郎（義鎮）殿

【史料6】（天文二十二年）五月二十六日付け由良成繁宛て大館晴光書状写（「園田文書」『群馬』二〇二四）

御数寄の由聞こし食しおよばれ、鉄砲一丁、南方より鍛冶を召し寄せられ、御城山に於いて張られ、

作当以下比類無く、御秘蔵し候といえども下され候、よって御内書をなされ候、御面目珍重に候、委曲孝阿申すべく候、恐々謹言、

（天文二十二年）五月廿六日　　　晴光（大館）（花押影）

横瀬（由良成繁）雅楽助殿

【史料7】（天文二十三年）三月五日付け島津貴久宛て近衛稙家書状（『島津』一一九二）

思いも寄らざる儀に候といえども、鉄放の薬の事、南蛮人直に相伝せしめ、種子島の調合比類なきの由、御耳に触れ、武家の御内書かくの如く候条、啓せしめ候、この趣伝達せられ、相違なく候はば然るべく候、猶不断光院西堂漏脱あるべく候也、状くだんの如し、

（天文二十三年）三月五日　　　（近衛稙家）（花押）

嶋津修理（貴久）大夫殿

【史料8】（天文二十二年）五月二十六日付け由良成繁宛て大館晴光書状（「由良文書」『群馬』二〇二六）

御馬〈速道〉御所望の由、上意候、よって御内書を成され候、御進上候はば、喜び思し食さるべくの通、その意を得申すべき旨仰せ出され候、御気色の趣、具さに孝阿申し入るべく候、恐々謹言、

（天文二十二年）五月廿六日　　　晴光（大館）（花押）

横瀬（由良成繁）雅楽助殿

【史料9】（永禄四年カ）二月六日付け伊達晴宗宛て大館晴光書状（『伊達』二二七）

御舎弟藤五郎（伊達実元）殿御所持の飯野黒の事、一段と早馬の由、京都にその隠れなく候、御覧ぜられたきの旨仰せ出され、御内書を成され候条、書状をもって申され候、別しての上意に候の間、相違なく御進上候様、御意見御申し肝要たるべく候、御意を得るべく候、恐々謹言、

（永禄四年カ）二月六日　晴光（大館）（花押）

左京大夫（伊達晴宗）殿　進覧之候

【史料10】一五六五年四月二十七日付けフロイス書簡（『イエズス会』二―六六）

厩は杉材で作られた家屋で、上等な敷物を敷き詰めてあるため、ここで公爵を接待することも十分可能である。馬は一頭ずつ個室に分けられ、そこは下部と側面に板が張られている。敷物を敷いたところはすべて馬の世話をする人たちの居所である。

【史料11】（永禄二年）九月十七日付け大友義鎮宛て大館晴光書状写（「大友家文書録」『大友』二〇―四六二）

大内家督の事、万松院（足利義晴）殿様仰せの筋目をもって、御馳走有るべき由候、この一儀に付きて、自然毛利言上の旨、有りといえども、貴国へ御尋ね有るべく候、これ等の趣、その意を得、申すべき由仰せ出され候、恐々謹言、

（永禄二年）九月十七日　上総介晴光（大館）　在判

謹上　大友新太郎（義鎮）殿

【史料12】（永禄二年）十一月九日付け大友義鎮宛て足利義輝御内書（「大友家文書録」『大友』二〇―四八二）

九州探題職ならびに大内家督の事、先例に任せ別儀有るべからず候、それに就き料所等の儀申し付け、運上すべきの旨、内々宗可申し通じ、尤も神妙に候、よって久秀（松永）に対し入魂の由、然るべく候、猶大覚寺門跡（義俊）・愚庵（久我晴通）仰せらるべく候也、

（永禄二年）十一月九日　（花押）（足利義輝）

大友新太郎（義鎮）とのへ

【史料13】（永禄三年）三月二十九日付け聖護院門跡道増宛て足利義輝自筆消息（『毛利』二三八）

才覚この時節に候、それに就き、かな山の事、然るべく候、両方同心なき上にて、御馳走肝要に候、次いで大内あと大友に申し付け候よし、その辺沙汰候よし候、ことおかしき段、是非なき次第に候、向後あい聞かすべく候、この段承り候こと、神候初めて候、驚き入り申し候、惣別大内の事は、かとあるやうに候間、たれたれ申候とも、なかなか是非なく候、大友かたより、今度殿料として三十万疋着き上げ候間、いつくよりもかように用に立ち候こと候はぬに、褒美のため、左衛門督に任じ候ことと候、かやうの事を申し候やと、不審に申し候事に候、淵底毛利使僧存知すべく候間、くはしく申さず候、返々、和談の事、よく御調候て、御上洛然るべく候、日乗その辺に逗留候や、御隙明けられ、早々御上着この事に候、かしく

（永禄三年）三月廿九日　（花押）（足利義輝）

御愍状畏み入り候、然らば両国和平の段、大方相調うべきやうに承り候、長々御在国、別して辛労と

も、是非なき題目に候、この度相調わず候へば、他国の覚、外聞、面目を失すべく候条、急度御かしく、

【史料14】年未詳五月十七日付け大館晴光宛て桑折景長書状（「類従文書抄」『古川』五六二）

奥州探題職の儀につき、内々これより申し上げらるべきの砌、瑞林寺御使御下向幸の儀に候条、今度御礼として黄金三十両・御鷹・御馬進上申され候、奥州探題家の御書札、前々の如く急度御内書差し下され候様、御馳走畢竟晴宗（伊達）頼み入るの由、申され候事に候、瑞林寺御理に任せ、早々啓達せしめ候、恐々謹言、

五月十七日　播磨守（桑折）景長（花押）

謹上　大館（晴光）殿　御宿所

【史料15】年未詳十一月二日付け氏家太郎左衛門尉宛て大館晴光書状（「保阪潤治氏所蔵文書」四、影写本）

天下静謐により諸大名御礼申さる儀に候、貴殿近年御無音に候や、この節御礼御申し然るべく候、自然似相の儀仰せを承り馳走いたすべき覚悟に候、その為書状をもって申し入れ候、その意を得られ御申し肝要に候、なお具さ冨松四郎左衛門尉申すべく候、恐々謹言、

十一月二日　晴光（大館）（花押）

氏家太郎左衛門尉殿　進之候

【史料16】（天文二十年）八月八日付け蘆名盛舜年寄宛て足利義輝御内書写（「青山文書」『福島』青山三一）

伊達左京大夫《稙宗》父子、鉾盾に及び候由、その聞え有り候条、然るべからず候、急度和談せしめ候、忠功の意候はば、神妙たるべく□、意見を加うべく候、よって聖護院殿《道増》下向し候、同じく孝阿を差し下し候、なお晴光《大舘》申すべく候なり、

（天文二十年）八月八日　（花押）《足利義輝》

蘆名遠江守《盛舜》年寄中

【史料17】（永禄五年）十月十日付け勝光寺光秀宛て大舘晴光書状写（「大舘記」十）

御札拝見し候、豊前国に至り、貴国御人数少々差し越され候に付て、毛利方より、自然恣に掠め申す子細これ在るやの旨、具さに上聞に達し候、珍敷言上御座なく候、若し非文申事これ在らば、御尋なさるべき由　上意候、（中略）

（永禄五年）十月十日　晴光《大舘》

勝光寺《光秀》参尊答　侍者御中

【史料18】（永禄六年カ）七月三日付け田村宗切宛て大友宗麟書状（『大分県史料　大友家文書録二』一四四七号）

追って申し候、かの儀、能くよく愚庵に御申し専一に候、惣じて彼の御取扱の儀、上意様よりも、只々一篇之和平としてこそ、上使御下向に候、（中略）いかやうにも候て和平に成し候へ□こそ、両

御家門の御威勢も候へ、無事に調候は□は更に双方に御用捨候ても入らざる儀に候、分別の前に候、爰許毛利家入眼に申し談じ候間、一両年の中に祝儀を相調候はば、いまほと聖門に進覧申たる知行、則時に相違えたるべき事目前に候、只々ひとへ心におほしめし候て、御用捨笑止迄にて候、よく〳〵思案干要候、少も人の知行をこそ毛利は取度かり候に、□遠しき聖門さまへ過分之知行進し置き候事、始中更に〳〵首尾ありがたく候、是は憲法の申事にて候、五畿内とは西国かたは殊外相違うるの由申し候、おかしく候、

昨日は路次御苦労の至に候、そこもと隙を明けられ候はば、軈て御越し待ち入り候、然らば、夜前到来候分は、豊前国京都郡の内、鑑理知行黒田村に至り、向いより、杉因幡守手の者ども、取り渡り、妻子以下引き取るの由候、是非に及ばず候、かくの如く候□更にありがたきの儀、既に御上使に向かい両御家門御下向をもって仰せ扱われ候条、御意に応じ候処、かくの如きの儀、仰天言語に及ばず候、両御使御下りの事、只今一篇の上意□□こそ定御座候するに、御用捨などの事は、聊かも上意御存知なき儀に候、かくの如くいまだ断らず候へば、始終計り難く候、能くよく愚庵に御申し肝要に候、急候間、大かたに候、恐々謹言、

(永禄六年カ)七月三日　　宗麟(花押)

宗切《(田村)》老　参

【史料19】一五六五年二月二十日付けルイス・フロイス書簡(『イエズス会』二―六〇)

この人たちは公家と呼ばれ、日本の諸国で大いに崇敬されている。諸国王の間に不和が生じると、公

方様は調停のため彼らを使節として派遣するのであり、彼らはこれによって多額の金銭を得る。二年前、豊後の国主と山口の国主の和睦を調停するため豊後に赴いた一人は、協定の際、豊後国主が山口の国主から奪った二ヵ国を取得しうるよう便宜を計ったことにより、（豊後国主は）三千クルザードもしくはそれ以上を（その公家に）与えた。

【史料20】『フロイス』一―一三二頁

殿下（義輝）はすでに二度も伴天連を御引見になったのでありますから、今もし殿が彼に会おうとなさらぬことが異国に聞こえますれば、あちらでは決して良い印象を与えますまい。

【史料21】（永禄八年）十月二十八日付け相良義陽宛て足利義昭御内書（『相良』五二〇）

今度京都不慮の儀につき、甲賀和田に至り取り退き候、それに就き、近国出勢の段申し付け、異儀なく候間、急度入洛せしむべき覚悟に候、この度軍功を抽きんぜられれば、感悦たるべく候、しかしながら頼み入り候、その為上野大蔵入道（豪為）を差し下し候、なお藤孝（細川）申すべく候なり、

（永禄八年）十月廿八日　（足利義昭）（花押）

相良修理大夫（義陽）とのへ

【史料22】（永禄十年）四月二十四日付け一色藤長宛て足利義昭御内書（「根岸文書」影写本）

今度退座の事、藤孝（細川）相談じ馳走により、別儀なく候、しかしながら当家再興の段、忠節比類なく、い

よいよ退屈なく忠功を抽きんぜられば、神妙たるべし、入洛においては恩賞を宛行うべきものなり、

（永禄十年）卯月廿四日　（足利義昭）（花押）

一色式部少輔（藤長）殿

【史料23】（永禄九年）七月一日付け直江政綱宛て飯河信堅書状（『上杉』五一八）

御出張の儀につき、重ねて御内書をなされ候、よって隣国に相催さるるの処、別して濃・尾・三河その外出勢あるべきの由、言上し候、然りといえども、輝虎（上杉）御参洛なきにおいては、天下の静謐ありがたく候間、別儀なきの様申し調えらるべき事、肝要の由に候、次いで相州と御和平の儀、これまた、仰せ下され候といえども、今に一途これ無き候条、追々仰せ越さるべく候、何れも御馳走においては、しかしながら御忠節たるべきの由、仰せ出され候、恐々謹言、

（永禄九年）七月朔日　信堅（飯河）（花押）

直江大和守（政綱）殿

【史料24】室町幕府殿中御掟案（「仁和寺文書」『大日』十一―一、永禄十二年一月十四日条）

御袖判（足利義昭）　殿中御掟

一、不断召し仕えらるべき輩、〈御部屋衆・定詰衆・同朋以下〉前々の如くたるべき事、

一、公家衆・御供衆・申次御用次第参勤あるべき事、

一、惣番衆面々祗候あるべき事、

一、おのおの召し仕う者御縁へ罷り上る儀、当番衆として罷り下るべき旨堅く申し付くべし、若し於用捨の輩においては、越度たるべき事、
一、公事篇内奏御停止の事、
一、奉行衆意見を訪ねらるる上は、是非の御沙汰あるべからざる事、
一、公事聞し召さるべき式日、前々の如くたるべき事、
一、申次の当番衆を閣き、毎事別人披露あるべからざる事、
一、諸門跡坊官・山門衆徒、医・陰の輩以下、猥りに祗候あるべからず、付けたり、御足軽、猿楽は召しに随い参るべき事、

永禄十二年正月十四日　弾正忠《(織田信長)》判

追加

一、寺社本所領・当知行の地、謂われなく押領の儀、堅く停止の事、
一、請取沙汰停止の事、
一、喧嘩口論の儀停止されおわんぬ、もし違乱の輩あらば、法度の旨に任せ、御成敗あるべき事、付けたり、合力の人も同罪、
一、理不尽に催促を入る儀、堅く停止の事、
一、直の訴訟停止の事、
一、訴訟の輩これあらば、奉行人をもって言上いたすべき事、
一、当知行の地においては、請文の上をもって、御下知なさるべき事、

永禄十二年正月十六日　　　　弾正忠判

【史料25】（永禄十三年）一月二十三日付け北畠具教等宛て織田信長書状写（「二条宴乗日記」元亀元年二月十五日条『信長』二一〇）

信長上洛につき、在京あるべき衆中の事、
北畠大納言殿〈同北伊勢諸侍中〉・徳川三河守殿〈同三河・遠江諸侍衆〉・姉小路中納言殿〈同飛驒国衆〉・山名殿父子〈同分国衆〉・畠山殿〈同□□（奉公カ）衆〉・遊佐河内守・三好左京大夫殿・松永山城守〈同和州諸侍衆〉・同右衛門佐・松浦孫五郎・同和泉国衆・別所□三郎・同播磨国衆・同孫左衛門尉〈同名衆〉・丹波国■・一色左京大夫殿・同丹後国衆・武田孫犬丸・同若狭国衆・京極殿〈同浅井備前〉・同尼子・同七佐々木・同木村源五父子・同江州南諸侍衆・紀伊国衆・越中神保名代・能州名代・甲州名代・淡州名代・因州武田名代・備前衆名代・池田・伊丹・塩河・有右馬、この外その寄々の衆として申し触るべき事、

同触状の案文

禁中御修理、武家御用、その外、天下いよいよ静謐のため、来中旬に参洛すべく候条、各上洛あり、御礼申し上げられ、馳走肝要に候、御延引あるべからず候、恐々謹言、

□月廿□日　　信長

仁躰により文躰上下あるべし、

【史料26】（元亀三年）五月二日付け小早川隆景宛て織田信長書状（『小早川』二七〇）

先度使僧差し上され候、殊に鵜鷹居え給い候、自愛少からず候、よって大友宗麟、累年京上を望の由に候、このごろも案内に覃ばれ候といえども、その方と別して申し通じ半ばに候条、遠慮せしめ、いまだ返答に能わず候、如何有るべく候や、天下の儀は信長（織田）異見を加うる刻、遠国の仁の上洛の事、且うは京都の為、且うは信長の為、尤もに候か、御分別を遂げられ示し給い候はば、豊州へ申し送るべく候、さ候とて、その方に対し毛頭疎意なく候、隔心有るべからず候、無人の躰にて、越境を為すべく候処、自然聊爾の趣も候ては、外聞然るべからず候間、旁もって申し届け候、猶日乗・夕庵（武井）申すべく候、恐々謹言、

（元亀三年）五月二日　　信長（織田）（花押）

小早川左衛門佐（隆景）殿

【史料27】「戴恩記」（『続群書類従 第三十二輯下』）

新城の出きし正月に、御門のからゐしきに、われたる蛤貝を九つならへ置たり、いかなる心そとしる人なかりしに、信長公さとき御智恵にて、これは公方の御心のうつけて、くかいかけたるといふ事を、京童か笑ひてしたる物そと、さゝやかせ給ひしと也、

【史料28】異見十七箇条写（「尋憲記」元亀四年二月二十二日条『大日』十―一〇、元亀三年九月是月条）

一、当将軍へ信長よりの十七ヶ条、一書をもって申し入れ候、一書新持参の条、写し置くなり、

公方様え信長より条々

一、御内裏の儀、光源院殿様（足利義輝）御無沙汰に付きて、果たして御冥加なき次第、事旧り候、これより当御代の儀、年々懈怠なき様にと、御入洛の刻より申し上げ候処、早思し召し忘れられ、近年の御退転勿躰なく存じ候事、

一、諸国へ御内書を遣わされ、馬その外御所望の躰如何と存じ候間、御遠慮を加えられ、尤に存じ候、

但し、仰せ付けられ候はで叶わざる子細は、信長（織田）に仰せ聞かせられ、副状を仕るべきの旨、兼て申し上げ、御心得なさる由候つれども、左も御座なく、遠国へ御内書をなされ、御用を仰せ付けられ候儀、最前の首尾相違に候、何方にも然るべき馬なと御耳に入候はば、信長馳走し進上申すべき由、申し旧り候いき、左様に候はで、密々をもって仰せ遣わされ候儀、然るべからずと存じ候事、

一、諸唯衆の方々、御伴に申し、忠節油断なき輩には、似合に宛行われず、今に指したる者にもあらざるには、御扶助を加えられ候、左様に候ては、忠・不忠も入らざるに罷り成り候、諸人のをもわく然るべからずと存じ候事、

一、今度雑説に付きて、御物をのけらるる由に候、都鄙にその隠れなく候、それにつき京都もっての外さはきたる由、驚き入り候、御搆の御普請以下、辛労造作を仕つり、御安座の儀に候処、御物をのけられ候ては、しかしながら何方へ御座を移され候や、無念の子細に候、左候時は、信長辛労もいたつらに罷り成り候事、

一、賀茂の儀、石成に仰せ付けられ、百姓前等御糺明候由、表向きは御沙汰候て、御内儀は御用捨の

様に申し触れ候、惣別か様の寺社方御勘落如何に存じ候へ共、石成堪忍不届の由難儀せしむる旨に候はば、先ず此分に仰せ付けられ、御耳をも伏せられ、又、一方の御用にも立てらる様にと存ずるの処、御内儀かくの如く候はば、然るべからず存じ候事、

一、信長に対し等閑なき輩、女房衆以下まで、思し食しあたらるる由、迷惑せしめ候、我等に疎略なき者を聞こし召され候はば、一入御目に懸けらる様に候てこそ忝く存ずべきを、かいさまに御心得参候、如何様之子細候やの事、

一、恙がなく奉公を致し、何の罪も御座候はねとも、御扶持を加えられず、京都に堪忍不届の者ども、信長にたより候て、歎き申し候、定て私の言上候はば、何とぞ御あわれみも在るべきかと存知候ての事に候、且うは不便に存知、且うは公儀御為と存じ候間、御扶持の儀申し上げ候へども御許容なく候、余りにかたき御意候間、その身に対しても面目なく候、観世与左衛門尉・古田可兵衛尉・上野紀伊守類の事、

一、若州安賀庄御代官職の事、粟屋弥四郎訴訟申し上げ候、さり難く種々執次申し候へども、御心得不行過来候事、

一、小泉女房衆預ヶ置候雑物幷質物ニ置候腰刀・脇指類迄、召し置かれ候由に候、小泉何とそむほんをも仕候て、造意曲事の子細も候はば、根断も枯ても勿論に候、是は叶わざる喧嘩にて相果て候、一旦は法度を守られ尤に候、これ程まで仰せ付けられ候儀、唯御よくとくの儀ニよりたると、世上ニ可存候事、

一、元亀之年号不吉に候はば、かいけん然るべきの由、天下執沙汰仕つり候に付きて、禁中にも御催

の処、聊の雑用仰せ付けられず、今に遅々候、是は天下の御為に候処、かくの如き御油断、然るべからず存じ候事、
一、烏丸御勘気かうむる由候、息の儀は御いきとおりも余儀なく候、親父御赦免候様にと、申し上げ候といえども、御心得行われず候はば、是非に及ばず候処、誰やらん内儀の御使申し候て、金子を召し置かれ、出頭させられ候由、歎か敷存じ候、人により罪によりて、過怠として仰せ付けられ候趣も在るべく候、是は堂上の仁に候、当時の公家にはこの仁の様に候処、かくの如き次第、外聞笑止に存じ候事、
一、他国より御礼申し上げ候金銀を進上歴然に候処、御隠密候て召され、御用にも相立てず候段、何の御為に候やの事、
一、明智地子銭を納め置き候て、買物のかはりに渡し遣わし候を、山門領の由仰せ懸け置かれ候者のかたへ御押え候事、
一、去度御城米を出され、金銀に御売買の由候、公方様御商買の儀、古今承り及ばず候、今時分の儀候間、御蔵に兵糧ある躰候て外聞も尤に存じ候、かくの如き次第驚き存じ候事、
一、御とのいに召し置かれ候若衆に、御扶持を加えられたく思し召し候はば、当座の何成とも御座あるべく候処、或いは御代官職仰せ付けられ、或いは非分の公事申さるる次候の事、天下のほうへん沙汰の限りと存じ候事、
一、諸唯衆武具・兵糧已下も耆は無く、金銀を専に商買の由承り及び候、牢人のしたくと存候、是も上様金銀を召し置かれ、雑説の砌は、御搆を出でられ候に付きて、下々まで、さては京都を捨らるる

趣と見及び候ての儀たるへく候、上人まもる段は、珍しからず候事、
一、諸事に付て、御欲にふけられ候儀、理非にも外聞にも立ち入れられざるの由、その聞え候、然らば不思儀の土民・百姓にいたるまでも、あしき御所と申なし候由に候、普広院殿《(足利義教)》様を左様に申たると伝え承り候、それは各別に候、何故御かけ事を申し候や、是をもって御分別参るべく候やの事、
以上、

【史料29】（元亀四年）三月十九日付け上杉謙信宛て織田信長書状写（「謙信公御書集」巻十一『上越』一一四三）

（中略）
一、近日、公儀御普請者心易り候、不慮の次第歎かわしく候、去年以来種々様々非道のみに候、外聞をも御顧なき為躰に候、既洛中洛外寺庵・僧坊・町人已下まで難儀に及び候、此分に候はば、天下破滅之由万民迷惑せしめ候、誠に勿躰なき子細に候、御入洛幾程なく、左様に候ては、信長忠功も徒に成り候由と存じ候て、然るべからずの趣申し上げ候し、無道を好佞人ども加へ様に申し成しに依て、この節信玄を方人に御覧し候、是非なく候、一旦思し召し違えられ候とも、達て申し分くべく候、縦い又御意得られざる行候とも、差したる儀あるべからず候事、
（中略）
已上、
（元亀四年）三月十九日　　信長《(織田)》朱印

越府（上杉謙信）

【史料30】（元亀四年）七月二十四日付け毛利輝元等宛て足利義昭御内書（「柳沢文書」『大日』十—一六、天正元年七月十八日条）

今度城都安座につき、信長半の儀、大坂を始め味方中不審相晴ざる由言上候条、眞木城に至り相移り候、然らば諸侯の者ども、織田かたより調略せしむるにより逆意を企て、剰え少童の事押取の段言語に絶え候、それにつき只今若江要害において逗留し候、様躰存ずべからずの間、先ず案内としてかくの如くに候、自然上野佐渡守恣の儀申すといえども許容すべからず候、則ち成敗を加うべく候、何も柳沢を差し下し具さに申し聞かすべく候、なお藤長（一色）申すべく候なり、

（元亀四年）七月廿四日　（花押）（足利義昭）

吉川駿河守（元春）とのへ

小早川左衛門佐（隆景）とのへ

毛利右馬頭（輝元）とのへ

【史料31】（元亀四年）七月十二日付け毛利輝元宛て織田信長書状案（「大田荘之進氏所蔵文書」『大日』十—一六、天正元年七月十八日条）

御逗留不実に候の条、定めて遠国において御流落たるべく候か、誠に嘆かわしく候、時ならず御退座の子細、甲州武田病□、越前の朝倉、差したる働きあるべからず候、□□以下数に足らず候間、別に

御行に及ばるべく之□これなく候、かくの如きの由、況んや天下棄て置かるる上は、信長上洛せしめ取り静め候、将軍家の事、諸家議定を遂げそれに随うべく候、相易らざる御入魂珍重に候、随て御分国中別儀なきの由、肝要に候、なお後音を期し候、恐々謹言、

（元亀四年）七月十三日　　織田弾正忠　信長

毛利（輝元）右馬頭殿　進之候、

【史料32】（天正二年）四月十四日付け一色藤長宛て足利義昭御内書（「根岸文書」『大日』十―二二、天正二年四月二日条）

その表の儀、大坂・高屋方々調略、油断なく苦労せしむ由、別して悦喜し候、その為、重ねて筆を染め、いよいよ才覚頼み入り候、それにつき、そこ許相越す儀片時急ぎたく候、信長摂・河に至り働く由候、幸いの儀に候条、似合の行これあるべき事に候、引退以後相越し候ては曲なく候、この砌涯分その調え専用、吉左右相待ち候、次で豊州武田刑部太輔註進状の趣、珍重に候、急便を相求め、大坂ならびに東国然るべきの通り申し下すべく候、また西国内書、調え遣わし候、喜入（季久）摂津守馳走せしむ由、能くよく申し越すべく候、委細昭光（真木島）申すべく候なり、

（天正二年）四月十四日　（足利義昭）（花押）

一色（藤長）式部少輔とのへ

【史料33】（天正二年）四月十四日付け島津義久宛て足利義昭御内書（『島津』九二）

京都不慮の儀につき、紀州に至り滞留候、諸口調略の間、本意程あるべからず候、この度の忠節、悦び思し食すべし、その為江月斎を差し下し、なお藤長・昭光申すべく候なり、

（天正二年）四月十四日　（花押）（足利義昭）

嶋津修理大夫（義久）とのへ

【史料34】（天正二年）四月十五日付け一色藤長宛て足利義昭御内書（「群鳥蹟」『大日』十―二一、天正二年四月二日条）

たびたび申越す如く、大坂色を相立つ上は、急度高屋辺り迄相越したく覚悟に候、その段今に左右なく候、あわせて油断の儀に候、然して信長摂・河に至り働くの由風聞、幸いの儀に候間、似合の行に及びたく候、信長引き入る以後は、その表相移り候といえども、専なき儀に候、小磯相越す以来、無音の条、かたがた申し候、本願寺見舞のため、伊勢上野介差し越し、内書を遣わし候、その意を得、申すべき事肝要、委細昭光申し候なり、

なおもって大坂・高屋の儀、急度一両日中に相究め、その左右に及ぶべく候、何方もはかゆかさる事に候はば、於その上において分別せしめ覚悟すべく候、

（天正二年）卯月十五日　（花押）（足利義昭）

一色式部少輔（藤長）とのへ

【史料35】（天正元年）十二月二十八日付け伊達輝宗宛て織田信長書状（『伊達』二九一）

去る十月下旬の珍簡、近日到来、拝披せしめ候、誠に遼遠を示し給い候、本懐浅からず候、殊に庭籠の鵯鷹一聯・同巣主大小あい副られ候、希有の至、歓悦斜ならず候、鷹の儀累年随身他に異なるの処、これを執り送り給い候、別して自愛この節に候、則ち鳥屋を構え入れ置くべく候、秘蔵他なく候、よって天下の儀、あい聞うる如くに候、公儀（足利義昭）御入洛に供奉せしめ、城都御安座を遂げられ、数年静謐の処、甲州武田（信玄）・越前朝倉（義景）已下、諸侯の佞人一両輩あい語らい申し、公儀を妨げ、御逆心を企てられ候、是非なき題目、無念少からず候、然る間その断に及ぶべき為、上洛の処、若公渡し置かれ、京都御退城有り、紀州熊野辺に流落の由に候、然れども武田入道（武田信玄）病死せしめ候、朝倉義景江・越境目において、去る八月に一戦を遂げ、即時大利を得、首三千余討ち捕り、直に越国へ切り入り、義景の首を刎ね、一国平均に申し付け候、それ以来若狭・能登・加賀・越中は皆もって分国となし、存分に属し候、五畿内の儀申すに覃ばず、中国に至り下知に任せ候次第、その隠有るべからず候、来年は甲州に発向せしめ、関東の儀成敗すべく候、その砌深重に申し談ずべく候、御入魂専要に候、猶もって芳問大慶に候、必ずや是よりも申し展ぶべきの条、筆を抛ち候、恐々謹言、

（天正元年）十二月廿八日　　信長（織田）（朱印）

謹上　伊達殿（輝宗）

主要参考文献

朝尾直弘『天下一統』(大系 日本の歴史8 小学館、一九八八年)
同『将軍権力の創出』(岩波書店、一九九四年)
浅野友輔「戦国期室町将軍足利義輝による和平調停と境目地域」(『十六世紀史論叢』四、二〇一五年三月)
阿波谷伸子ほか「「大館記」十」(『ビブリア』八九、一九八七年十月)
天野忠幸『戦国期三好政権の研究』(清文堂出版、二〇一〇年)
同『三好一族と織田信長——「天下」をめぐる覇権戦争』(中世武士選書31 戎光祥出版、二〇一六年)
同「政治秩序にみる三好政権から織田政権への展開」(『織豊期研究』一九、二〇一七年十月)
荒木和憲「大友氏領国における茶の湯文化」(鹿毛敏夫・坪根伸也編『戦国大名大友氏の館と権力』吉川弘文館、二〇一八年)
粟野俊之『織豊政権と東国大名』(吉川弘文館、二〇〇一年)
池 享 編『天下統一と朝鮮侵略』(日本の時代史13 吉川弘文館、二〇〇三年)
池上裕子『織豊政権と江戸幕府』(日本の歴史15 講談社、二〇〇二年)
同『織田信長』(人物叢書272 吉川弘文館、二〇一二年)
石崎建治「上洛直後の織田信長と足利義昭」(『日本歴史』八四六、二〇一八年十一月)

石原比伊呂「室町幕府将軍権威の構造と変容」（『歴史学研究』九六三、二〇一七年十月）
磯川いづみ「伊予河野氏の対京都外交」（『戦国史研究』六七、二〇一四年二月）
伊藤正義・藤木久志編『城破りの考古学』（吉川弘文館、二〇〇一年）
臼井　進「〈中世後期〉室町幕府と織田政権との関係について」（『史叢』五四・五五、一九九五年十二月）
馬瀬智光「『言継卿記』・『信長公記』から見た京都の城」（『金沢大学考古学紀要』三六、二〇一五年三月）
榎原雅治「室町殿の徳政」（『国立歴史民俗博物館研究報告』一三〇、二〇〇六年三月）
大島正隆『東北中世史の旅立ち』（そしえて、一九八七年）
大山智美「戦国大名島津氏の権力形成過程」（『比較社会文化研究』二五、二〇〇九年三月）
小川剛生「「戦国時代の文化伝播」の実態」（中世学研究会編『幻想の京都モデル』高志書院、二〇一八年）
奥野高広『足利義昭』（人物叢書55　吉川弘文館、一九九〇年）
同　『増訂　織田信長文書の研究』（吉川弘文館、一九九四年）
長　節子「所謂「永禄六年諸役人附」について」（『史学文学』四―一、一九六二年）
加栗貴夫「足利将軍家重代の鎧「御小袖」に関する一考察」（『青山史学』三五二、二〇一七年三月）
金井静香「中世末期における近衛家と島津氏の交流」（科学研究費報告書『近世薩摩における大名文化の総合的研究』〈研究代表者中山右尚〉、二〇〇三年）
金子　拓「法隆寺東寺・西寺相論と織田信長」（『東京大学史料編纂所研究紀要』一七、二〇〇七年）
同　『織田信長〈天下人〉の実像』（講談社現代新書2278、二〇一四年）
同　『信長家臣明智光秀』（平凡社、二〇一九年）
蕪木宏幸「足利義昭の研究序説」（『書状研究』一六、二〇〇三年三月）

河内将芳『歴史の旅 戦国時代の京都を歩く』（吉川弘文館、二〇一四年）
神田千里「織田政権の支配の論理に関する一考察」（『東洋大学文学部紀要 史学科篇』二七、二〇〇一年）
同「中世末の「天下」について」（『武田氏研究』四二、二〇一〇年）
同『織田信長』（筑摩書房、二〇一四年）
木下 聡「大崎氏宛の御内書をめぐって」（『戦国史研究』五六、二〇〇八年八月）
同「「足利義昭入洛記」と織田信長の上洛について」（田島公編『禁裏・公家文庫研究』第五輯、思文閣出版、二〇一五年）
木下昌規「織田権力の京都支配」（戦国史研究会編『織田権力の領域支配』岩田書院、二〇一一年）
木下昌規編著『足利義輝』（シリーズ・室町幕府の研究4 戎光祥出版、二〇一八年）
京都市文化市民局文化芸術都市推進室文化財保護課編『天下人の城』（同課、二〇一七年）
久野雅司「足利義昭政権と織田政権」（『歴史評論』六四〇、二〇〇三年八月）
同『足利義昭と織田信長傀儡政権の虚像』（中世武士選書40 戎光祥出版、二〇一七年）
同『織田信長政権の権力構造』（戎光祥出版、二〇一九年）
久野雅司編著『足利義昭』（シリーズ・室町幕府の研究2 戎光祥出版、二〇一五年）
黒嶋 敏「はるかなる伊達晴宗」（『青山史学』二〇、二〇〇二年三月）
同「織田信長と島津義久」（『日本歴史』七四一、二〇一〇年）
同『中世の権力と列島』（高志書院、二〇一二年）
同「明・琉球と戦国大名」（『中国 社会と文化』三一、二〇一六年七月）
同『秀吉の武威、信長の武威』（中世から近世へ 平凡社、二〇一八年）

小林清治「坂東屋富松と奥州大名」（『福大史学』四〇、一九八五年三月）
同「坂東屋富松と奥州大名 補考」（『福大史学』四四、一九八九年三月）
同「戦国期南奥の武士と芸能」（同氏編『中世南奥の地域権力と社会』岩田書院、二〇〇一年）
小林清治・大石直正編『中世奥羽の世界』（東京大学出版会、一九七八年）
近藤祐介『修験道本山派成立史の研究』（校倉書房、二〇一七年）
三卿伝編纂事務所『毛利元就卿伝』（六盟館、一九四四年）
柴　裕之「足利義昭の「天下再興」と織田信長」（戦国史研究会編『戦国期政治史論集西国編』岩田書院、二〇一七年）
下村信博「元亀元年徳政と織田信長」（『織豊期研究』七、二〇〇五年十月）
新城美恵子『本山派修験と熊野先達』（岩田書院、一九九九年）
瀬田勝哉『洛中洛外の群像――失われた中世京都へ』（平凡社、一九九四年）
戦国史研究会編『織田権力の領域支配』（岩田書院、二〇一一年）
高梨真行「戦国期室町将軍と門跡」（五味文彦・菊地大樹編『中世の寺院と都市・権力』山川出版社、二〇〇七年）
同「将軍足利義晴・義輝と奉公衆」（小此木輝之先生古稀記念論文集刊行会編『歴史と文化』青史出版、二〇一六年）
高橋康夫「織田信長と京の城」（同氏著『海の京都』京都大学学術出版会、二〇一五年〔初出二〇〇一年〕）
立花京子『信長権力と朝廷　第二版』（岩田書院、二〇〇二年）
田中信司「御供衆としての松永久秀」（『日本歴史』七二九、二〇〇九年二月）

同　　「久秀と将軍足利義輝」（天野忠幸編『松永久秀』宮帯出版社、二〇一七年）
谷口克広『信長の天下布武への道』（戦争の日本史13　吉川弘文館、二〇〇六年）
同　『検証 本能寺の変』（歴史文化ライブラリー232　吉川弘文館、二〇〇七年）
同　『信長の天下所司代――筆頭吏僚 村井貞勝』（中公新書2028、二〇〇九年）
同　『織田信長家臣人名辞典（第二版）』（吉川弘文館、二〇一〇年）
同　『信長と家康――清須同盟の実体』（学研新書104、二〇一二年）
同　『信長と将軍義昭――連携から追放、包囲網へ』（中公新書2278、二〇一四年）
谷口研語『流浪の戦国貴族近衛前久――天下一統に翻弄された生涯』（中公新書1213、一九九四年）
谷口雄太「足利時代における血統秩序と貴種権威」（『歴史学研究』九六三、二〇一七年十月）
同　『中世足利氏の血統と権威』（吉川弘文館、二〇一九年）
成沢　光『政治のことば――意味の歴史をめぐって』（講談社学術文庫2125、二〇一二年）
新名一仁『島津貴久――戦国大名島津氏の誕生』（中世武士選書37　戎光祥出版、二〇一七年）
羽下徳彦「伊達・上杉・長尾氏と室町公方」（同氏編『北日本中世史の研究』吉川弘文館、一九九〇年）
橋本　雄「遣明船の派遣契機」（『日本史研究』四七九、二〇〇二年）
早島大祐「「戒和上昔今禄」と織田政権の寺社訴訟制度」（『史窓』七四、二〇一七年）
福川一徳「豊後大友氏と鉄砲について」（『日本歴史』三五三、一九七七年十月）
藤井譲治『天皇と天下人』（天皇の歴史5　講談社、二〇一一年）a
同　『天下人の時代』（日本近世の歴史1　吉川弘文館、二〇一一年）b
藤井譲治編『織豊期主要人物居所集成』（思文閣出版、二〇一一年）

藤木久志『織田・豊臣政権』（日本の歴史15　小学館、一九七五年）
同　『豊臣平和令と戦国社会』（東京大学出版会、一九八五年）
藤田達生『日本近世国家成立史の研究』（校倉書房、二〇〇一年）
二木謙一「戦国期室町幕府・将軍の権威」（『國學院雜誌』八〇（一一）、一九七九年十一月）
同　「室町幕府御相伴衆について」（『日本歴史』三七一、一九七九年四月）
堀　新『天下統一から鎖国へ』（日本中世の歴史7　吉川弘文館、二〇一〇年）
同　『織豊期王権論』（校倉書房、二〇一一年）
堀本一繁「一五五〇年代における大友氏の北部九州支配の進展」（『九州史学』一六二、二〇一二年八月）
村井祐樹「兼右卿記」（『東京大学史料編纂所研究紀要』一八・二〇、二〇〇八年三月・二〇一〇年三月）
同　「幻の信長上洛作戦――出せなかった書状　新出「米田文書」の紹介をかねて」（『古文書研究』二〇一四年一二月）
宮本義己「足利将軍義輝の芸・雲和平調停」（『國學院大學大学院紀要』六、一九七四年a）
同　「足利将軍義輝の芸・豊和平調停（上・下）」（『政治経済史学』一〇二・一〇三、一九七四年十一月b）
同　「曲直瀬一渓道三と足利義輝」（『日本歴史』三五〇、一九七七年七月）
同　「松平元康〈徳川家康〉の早道馬献納」（『大日光』七三、二〇〇三年三月）
水野智之「足利義晴～義昭期における摂関家・本願寺と将軍・大名」（『織豊期研究』一二、二〇一〇年十月）
水野　嶺「足利義昭の栄典・諸免許の授与」（『国史学』二一一、二〇一三年十一月）
同　「足利義昭の大名間和平調停と「当家再興」」（『古文書研究』八五、二〇一八年七月）

森脇崇文「天正初期の備作地域情勢と毛利・織田氏」(『ヒストリア』二六四、二〇一六年二月)
山口研一「戦国期島津氏の家督相続と老中制」(『青山学院大学文学部紀要』二八、一九八六年三月)
山田貴司「大友氏からみた大内氏」(大内氏歴史文化研究会編『室町戦国日本の覇者大内氏の世界をさぐる』勉誠出版、二〇一九年)
山田康弘『戦国期室町幕府と将軍』(吉川弘文館、二〇〇〇年)
同『戦国時代の足利将軍』(歴史文化ライブラリー323 吉川弘文館、二〇一一年)
同『足利義輝・義昭——天下諸侍、御主に候』(ミネルヴァ書房、二〇一九年)
山本浩樹『西国の戦国合戦』(戦争の日本史12 吉川弘文館、二〇〇七年)
渡辺世祐『日本中世史の研究』(六盟館、一九四六年)

黒嶋 敏（くろしま さとる）

1972年東京都生まれ。青山学院大学大学院文学研究科史学専攻博士後期課程中退。博士（歴史学）。専門は日本中世史。現在、東京大学史料編纂所画像史料解析センター准教授。著書に『秀吉の武威、信長の武威——天下人はいかに服属を迫るのか』（平凡社）、『中世の権力と列島』（高志書院）、『海の武士団——水軍と海賊のあいだ』（講談社選書メチエ）、『天下統一——秀吉から家康へ』（講談社現代新書）、『琉球王国と戦国大名——島津侵入までの半世紀』（吉川弘文館）、編著に『戦国合戦〈大敗〉の歴史学』（山川出版社）などがある。

[中世から近世へ]

天下人と二人の将軍 信長と足利義輝・義昭

発行日　2020年5月25日　初版第1刷

著者　黒嶋 敏
発行者　下中美都
発行所　株式会社平凡社
〒101-0051 東京都千代田区神田神保町3-29
電話（03）3230-6579［編集］（03）3230-6573［営業］
振替 00180-0-29639
ホームページ https://www.heibonsha.co.jp/
印刷・製本　株式会社東京印書館
DTP　ダイワコムズ、平凡社制作

ISBN978-4-582-47748-1
NDC分類番号210.47　四六判（18.8cm）　総ページ256